A TUTELA JURISDICIONAL

DO DIREITO HUMANO AO MEIO AMBIENTE SADIO PERANTE A CORTE INTERAMERICANA DE DIREITOS HUMANOS

AUGUSTO CÉSAR LEITE DE RESENDE

A TUTELA JURISDICIONAL

DO DIREITO HUMANO AO MEIO AMBIENTE SADIO PERANTE A CORTE INTERAMERICANA DE DIREITOS HUMANOS

Prefácio
Flávia Piovesan

Apresentação
Carlos Augusto Alcântara Machado

Belo Horizonte

© 2015 Editora Fórum Ltda.

É proibida a reprodução total ou parcial desta obra, por qualquer meio eletrônico, inclusive por processos xerográficos, sem autorização expressa do Editor.

Conselho Editorial

Adilson Abreu Dallari
Alécia Paolucci Nogueira Bicalho
Alexandre Coutinho Pagliarini
André Ramos Tavares
Carlos Ayres Britto
Carlos Mário da Silva Velloso
Cármen Lúcia Antunes Rocha
Cesar Augusto Guimarães Pereira
Clovis Beznos
Cristiana Fortini
Dinorá Adelaide Musetti Grotti
Diogo de Figueiredo Moreira Neto
Egon Bockmann Moreira
Emerson Gabardo
Fabrício Motta
Fernando Rossi

Floriano de Azevedo Marques Neto
Gustavo Justino de Oliveira
Inês Virgínia Prado Soares
Jorge Ulisses Jacoby Fernandes
Juarez Freitas
Luciano Ferraz
Lúcio Delfino
Marcia Carla Pereira Ribeiro
Márcio Cammarosano
Marcos Ehrhardt Jr.
Maria Sylvia Zanella Di Pietro
Ney José de Freitas
Oswaldo Othon de Pontes Saraiva Filho
Paulo Modesto
Romeu Felipe Bacellar Filho
Sérgio Guerra

Luís Cláudio Rodrigues Ferreira
Presidente e Editor
Coordenação editorial: Leonardo Eustáquio Siqueira Araújo

Av. Afonso Pena, 2770 – 16º andar – Funcionários – CEP 30130-007
Belo Horizonte – Minas Gerais – Tel.: (31) 2121.4900 / 2121.4949

www.editoraforum.com.br – editoraforum@editoraforum.com.br

A433t	Resende, Augusto César Leite de. A tutela jurisdicional do direito humano ao meio ambiente sadio perante a corte interamericana de direitos humanos. 1 ed. – Belo Horizonte: Fórum, 2015.
	180p.
	ISBN 978-85-450-0043-3
	1.Direitos humanos 2. Direito constitucional. 3. Direito ambiental I. Título. II. Resende, Augusto César Leite de.
	CDD: 323
	CDU: 342.57

Informação bibliográfica deste livro, conforme a NBR 6023:2002 da Associação Brasileira de Normas Técnicas (ABNT):

RESENDE, Augusto César Leite de. *A tutela jurisdicional do direito humano ao meio ambiente sadio perante a corte interamericana de direitos humanos*. 1. ed. Belo Horizonte: Fórum, 2015. 180p. ISBN 978-85-450-0043-3.

Com amor, dedico este trabalho aos meus filhos Guilherme Augusto e Maria Isabel, razão de viver do papai, e ao amor da minha vida, Lícia.

AGRADECIMENTOS

A elaboração de trabalho científico exige da pessoa dedicação e tempo de parte de sua vida no qual a presença de algumas pessoas são essenciais para a sua conclusão com qualidade e êxito.

Agradeço inicialmente ao Prof. Dr. Carlos Augusto Alcântara Machado, mestre e amigo, grande conselheiro e incentivador das minhas carreiras acadêmica e profissional; um verdadeiro paradigma de honradez, inteligência e comprometimento com a academia e com o Ministério Público de Sergipe; um ícone que dá brilho à comunidade jurídica sergipana. Obrigado pelos ensinamentos e observações jurídicas relativos ao conteúdo do trabalho.

Devo também agradecer à Profa. Dra. Flávia Piovesan pela excelência da orientação, pelo convívio acadêmico e pelo seu contagiante amor à defesa dos direitos humanos, que honra a academia brasileira e me serve de entusiasmo no estudo dos direitos humanos.

Ao Prof. Dr. Carlos Frederico Marés de Souza Filho, pela honra de ter sido meu avaliador na banca da dissertação de mestrado e, principalmente, pelas considerações e pertinentes críticas que contribuíram para a melhoria do trabalho ora publicado.

Aos Professores do mestrado Antônio Carlos Efing, Cinthia Obladen de Almeida Freitas, Danielle Anne Pamplona, Emerson Gabardo, Fernando Dantas, Jussara Maria Leal de Meirelles, Katya Kozicki, Márcia Carla Pereira Ribeiro, Vladimir Passos de Freitas, Alexandre Coutinho Pagliarini e Márcia Rodrigues Bertoldi cujas lições foram fundamentais para elaboração desta obra.

SUMÁRIO

PREFÁCIO
Flávia Piovesan 11

APRESENTAÇÃO 15
INTRODUÇÃO 19

CAPÍTULO 1
O ESTADO SOCIOAMBIENTAL DE DIREITO 25
1.1   Crise ecológica 25
1.2   Desenvolvimento sustentável 36
1.3   Estado Socioambiental de Direito 42
1.3.1   Princípio da participação popular 44
1.3.2   Princípio da prevenção 47
1.3.3   Princípio da precaução 47
1.3.4   Princípio do poluidor-pagador 50
1.4   Conceito de meio ambiente 52

CAPÍTULO 2
DIREITO HUMANO AO MEIO AMBIENTE SADIO 57
2.1   Conceito de direitos humanos 57
2.2   Características dos direitos humanos 61
2.2.1   Universalidade 62
2.2.2   Indivisibilidade e interdependência 66
2.2.3   Indisponibilidade 69
2.2.4   Relatividade 71
2.3   Evolução histórica dos direitos humanos 76
2.3.1   Direitos de primeira dimensão 77
2.3.2   Direitos de segunda dimensão 81
2.3.3   Direitos de terceira dimensão 83
2.4   Internacionalização do direito humano
   ao meio ambiente sadio 88

CAPÍTULO 3
DIREITO FUNDAMENTAL AO MEIO AMBIENTE SADIO NA
CONSTITUIÇÃO FEDERAL DE 1988 95

3.1	Dever fundamental do Estado de promover e proteger o direito ao meio ambiente sadio	104
3.2	A efetividade do direito fundamental ao meio ambiente sadio e a reserva do possível	109
3.3	Sindicabilidade judicial do direito ao meio ambiente sadio	113

CAPÍTULO 4
DIREITO HUMANO AO MEIO AMBIENTE SADIO NO SISTEMA INTERAMERICANO DE DIREITOS HUMANOS 121

4.1	Convenção Americana de Direitos Humanos	123
4.2	Comissão Interamericana de Direitos Humanos	126
4.3	Corte Interamericana de Direitos Humanos	132
4.3.1	Processo contencioso perante a Corte Interamericana de Direitos Humanos	134
4.4	A proteção do direito ao meio ambiente sadio perante a Corte Interamericana de Direitos Humanos	140
4.5	Eficácia interna das sentenças proferidas pela Corte Interamericana de Direitos Humanos no Brasil	160
Conclusão		169

PREFÁCIO

Desde logo, em nossas primeiras reuniões de orientação de mestrado, as qualidades e a vocação acadêmica de Augusto César Leite de Resende muito me impressionaram. Em minha memória ecoam seu espírito vivaz, suas inquietudes, seu comprometimento e, sobretudo, sua absoluta entrega à causa da proteção dos direitos humanos.

Combativo membro do Ministério Público e competente investigador e estudioso, Augusto nos brinda com o livro que tenho o imenso orgulho e alegria em prefaciar. Fruto de sua dissertação de mestrado, defendida com todo brilho e aprovada com nota máxima pela banca do Programa de Pós-Graduação em Direito da PUC/PR, a obra é reflexo de suas tantas qualidades.

A temática não poderia ser mais contemporânea: a busca em tutelar o direito humano ao meio ambiente sadio em um contexto desafiador marcado pelo processo de desenvolvimento econômico-industrial, pelo avanço tecnológico e pelo consumismo desenfreado, como legado do século XX. Tais fatores irradiam um negativo impacto no meio ambiente.

Como alerta o autor, na introdução ao seu primoroso estudo, o relatório de Desenvolvimento Humano de 2013, publicado pelo Programa das Nações Unidas para o Desenvolvimento, afirma que o planeta poderá sofrer uma "catástrofe ambiental" até 2050, advertindo para as mudanças climáticas.

A própria Cruz Vermelha estima que há no mundo hoje mais pessoas deslocadas por desastres ambientais do que por guerras. Até 2010 a ONU contabilizava 50 milhões de refugiados ambientais. Qualquer situação de refúgio é, por si só, reflexo de um grave padrão de violação a direitos humanos. Os danos ambientais têm gerado um crescente fluxo migratório, com o deslocamento forçado de pessoas compelidas a lutar por novas condições de vida em outras regiões e países.

A comunidade científica converge em concluir que as mudanças climáticas estão a ocorrer e resultam, sobretudo, da ação humana. O Conselho de Direitos Humanos da ONU reconhece que as transformações ambientais impactam a realização dos direitos humanos direta e indiretamente, sendo os grupos mais vulneráveis seu alvo preferencial.

Nos países em desenvolvimento a maioria dos problemas ambientais está relacionada à pobreza e à exclusão social (à falta de acesso à moradia, à saúde, à educação e à higiene adequadas). Já nos países desenvolvidos, os problemas ambientais são consequência fundamentalmente da industrialização e do desenvolvimento tecnológico.

Os danos ambientais transcendem os limites de espaço e tempo. Uma poluição marítima causada por derramamento de óleo poderá disseminar-se por águas territoriais de diferentes países, afetando várias comunidades, em virtude de seu alcance internacional. Os danos ambientais podem ainda produzir efeitos no presente e no futuro, por vezes, não havendo como prever o impacto temporal. Por isso, o direito ao meio ambiente demanda um pacto entre as presentes e futuras gerações, o que fomenta a noção de desenvolvimento sustentável, como o "desenvolvimento que atende às necessidades do presente, sem comprometer a capacidade das futuras gerações atenderem às suas próprias necessidades", na definição da Comissão Mundial sobre Meio Ambiente e Desenvolvimento. Daí o desafio de uma nova ética sustentável, que vise a compatibilizar o desenvolvimento econômico, o desenvolvimento social e a preservação ambiental.

Sob esta inspiração, a obra tece a firme defesa da necessidade de construção de um Estado Socioambiental de Direito, como resposta à crise ambiental e à sociedade de risco, orientado pelos princípios da participação popular, da prevenção, da precaução e do poluidor-pagador.

Ao delinear o alcance e o marco conceptual do direito humano ao meio ambiente sadio, o estudo avança para o exame da proteção jurídica ao direito ao meio ambiente, à luz da Constituição Federal de 1988 e do sistema interamericano de direitos humanos. Identifica os deveres jurídicos dos Estados de promover e proteger o meio ambiente sadio, adotando todas as medidas efetivas e adequadas para este fim. A omissão dos Poderes Públicos — no que se refere aos deveres de proteger, promover e preservar o meio ambiente ecologicamente equilibrado para as presentes e futuras gerações — passa, assim, a ser suscetível de controle jurisdicional no âmbito doméstico e internacional.

A violação ao direito ao meio ambiente sadio decorrente de omissão estatal (seja de natureza administrativa, legislativa ou mesmo judicial) implica responsabilização internacional do Estado, caracterizando ilícito internacional.

Daí o estudo emprestar, em seu capítulo final, especial ênfase ao impacto da jurisprudência da Corte Interamericana na proteção do direito humano ao meio ambiente sadio, bem como à eficácia interna das sentenças proferidas pela Corte no Brasil.

Considerando as potencialidades da tutela jurisdicional do direito humano ao meio ambiente sadio perante a Corte Interamericana de Direitos Humanos, o livro presta uma extraordinária e refinada contribuição jurídica à pavimentação do Estado Socioambiental de Direito no marco da emergência de um novo paradigma jurídico radicado na prevalência da dignidade humana em um sistema jurídico multinível.

São Paulo, 20 de janeiro de 2015.

Flávia Piovesan
Professora Doutora em Direito Constitucional e Direitos Humanos da Pontifícia Universidade Católica de São Paulo. Professora de Direitos Humanos dos Programas de Pós-Graduação da Pontifícia Universidade Católica de São Paulo, da Pontifícia Universidade Católica do Paraná e da Universidade Pablo de Olavide (Sevilha, Espanha). *Visiting Fellow* do *Human Rights Program da Harvard Law School* (1995 e 2000). *Visiting Fellow* do *Centre for Brazilian Studies da University of Oxford* (2005). *Visiting Fellow* do *Max Planck Institute for Comparative Public Law and International Law* (*Heidelberg* – 2007 e 2008). Desde 2009 é *Humboldt Foundation Georg Forster Research Fellow* no *Max Planck Institute* (*Heidelberg*). Membro do Conselho Nacional de Defesa dos Direitos da Pessoa Humana. Foi membro da UN *High Level Task Force on the implementation of the right to development*. Membro do *OAS Working Group* para o monitoramento do Protocolo de San Salvador em matéria de direitos econômicos, sociais e culturais. Procuradora do Estado de São Paulo.

APRESENTAÇÃO

Com particular júbilo aceitei o convite do autor para fazer a apresentação do trabalho monográfico intitulado *A tutela jurisdicional do direito humano ao meio ambiente sadio perante a Corte Interamericana de Direitos Humanos*. Trata-se de obra jurídica de valor, resultado de produtiva pesquisa bibliográfica e aprofundado exame da legislação e jurisprudência no campo do Direito Constitucional, do Direito Ambiental, do Direito Internacional e, especialmente, dos Direitos Humanos. Originariamente concebida como dissertação de mestrado, o texto vem a lume, desta feita, em forma de livro.

Além do mencionado sentimento de alegria e honrado pela confiança em mim depositada, acrescente-se — tenho que reconhecer — uma pitada (uma generosa pitada) de orgulho, neste caso em razão e especialmente pelo fato de a autoria do trabalho ora apresentado recair sobre um jovem jurista — também brilhante profissional do direito — cuja trajetória profissional e acadêmica tenho a felicidade de pessoalmente acompanhar há mais de uma década. Assim, desincumbo-me da missão, mas assim procedo, com um timbre de depoimento.

Conheci Augusto César Leite de Resende ainda como calouro, ingressando no Curso de Direito da Universidade Federal de Sergipe. Recordo daquele quase adolescente com brilho nos olhos que já demonstrava prematura inclinação e especial talento para discussões acadêmicas. Não se conformava com explicações injustificadas, questionando sempre. Fui seu professor em três disciplinas: Direito Constitucional I e II e Direito Municipal.

Graduou-se em Direito no final do ano 2000 e em apenas três anos, muito jovem ainda, logrou êxito em concurso público de provas e títulos, ingressando no Ministério Público do Estado de Sergipe, na condição de Promotor de Justiça. Antes, teve uma efêmera passagem na Defensoria Pública da União, no ano de 2002 (Defensor Público da União). Na seleção pública para membro do Ministério Público do Estado de Sergipe, mais uma vez encontrei Augusto César. Ele, como candidato; eu, na condição de examinador do concorrido certame.

Extremamente dedicado às atividades ministeriais — é um dos membros da instituição sergipana que mais ações civis públicas ajuizadas possui — acalentava o desejo de manter-se vinculado, profissionalmente, também à academia, exercendo o magistério superior. Especializou-se em Direito Público (*lato sensu* – UFSC), direcionando as suas investigações teóricas ao campo do Direito Ambiental, com incursões no Direito Constitucional e no Direito Administrativo. Logo partiu para a docência (2007). Hoje, Augusto César já se apresenta como reconhecido professor do Curso de Direito da Faculdade de Administração e Negócios de Sergipe (FANESE).

Inquieto por natureza, Augusto César definia metas a alcançar sempre mirando sua formação jurídica mais profunda. Buscava um mestrado acadêmico e a oportunidade surgiu. Essa obra é o resultado do pleno êxito alcançado no curso de pós-graduação *stricto sensu*, concluído no ano de 2014, sob a orientação da eminente Professora Doutora Flávia Piovesan, referência nacional e internacional na área de sua especialidade.

Durante o biênio em que se desenvolveu o curso, em alguns momentos — talvez mais de uma dezena de vezes — recebi Augusto César no meu gabinete (ou por longos diálogos telefônicos), desejoso por discutir pontos específicos do seu labor acadêmico e do texto que estava produzindo como dissertação de mestrado. Naquelas audiências revivia, por certo com um interlocutor mais maduro, discussões acadêmicas ocorridas nos anos noventa (1997, 1998, 1999), durante o período da sua graduação. Procurava pôr em prova as premissas por ele apresentadas, testando a segurança dos argumentos. Todavia, o ex-aluno já havia pavimentado o seu percurso de investigação com segura argumentação, demonstrando profundidade nas reflexões e convicção nas conclusões produzidas.

Antevia um primoroso trabalho. O orientando de outrora — sem embargo de na comunidade forense já possuir credenciais qualificadas — estava por se tornar Mestre.

A obra apresenta um novo modelo de Estado concebido pela Carta de 1988, o Estado Socioambiental de Direito, especialmente, como refere o autor, por ter a Constituição pátria abraçado "a preservação da natureza como fim e medida das decisões do Estado, alçando o direito ao meio ambiente ecologicamente equilibrado à condição de direito fundamental da pessoa humana". A partir desta fundamental premissa, incursiona no campo dos Direitos Humanos, conceituando-os, caracterizando-os, evidenciando a evolução histórica, até alcançar o estágio da necessária internacionalização do direito objeto central do estudo: o direito humano ao meio ambiente. Em seguida, aborda o direito humano ao meio ambiente sadio no sistema interamericano de direitos humanos, com especial destaque à Convenção Americana de Direitos Humanos, à Comissão Interamericana de Direitos Humanos e à Corte Interamericana de Direitos Humanos.

O estudo acrescenta à doutrina até então produzida importantes elementos, tanto por se caracterizar como literatura de sedimentação da matéria, mas particularmente por agregar particular análise propositiva relativa à eficácia e aplicabilidade das decisões da Corte Interamericana de Direitos Humanos.

Aracaju (SE), 02 de fevereiro de 2015.

Carlos Augusto Alcântara Machado
Professor de Direito Constitucional e de Direito Processual Constitucional da Universidade Federal de Sergipe e da Universidade Tiradentes (Graduação e Pós-Graduação *stricto sensu*). Mestre (UFC) e Doutor (PUC-SP) em Direito. Procurador de Justiça do Ministério Público do Estado de Sergipe.

INTRODUÇÃO

O Relatório de Desenvolvimento Humanos 2013, publicado pelo Programa das Nações Unidas para o Desenvolvimento (PNUMA), constatou que o planeta poderá sofrer uma "catástrofe ambiental" até 2050, alertando, inclusive, que as alterações climáticas, já hoje, intensificam as ameaças ambientais crônicas e que as perdas de ecossistemas limitam as oportunidades de criação de meios de subsistência, em especial para os pobres, de modo que um ambiente limpo e seguro deve ser um direito e não um privilégio do ser humano.[1]

Contudo, percebe-se a pouca eficácia social, no âmbito doméstico brasileiro, das normas constitucionais e legais de proteção ao meio ambiente, decorrente, em especial, da omissão dos Estados de implementarem políticas públicas ambientais e de fiscalizar as atividades privadas, potencial ou efetivamente poluidoras, o que demonstra as dificuldades fáticas e jurídicas de se assegurar o efetivo exercício do direito humano ao meio ambiente ecologicamente equilibrado. Valor primordial para a qualidade de vida do ser humano.

Nesse contexto, o Poder Judiciário desempenha um papel extremamente relevante na concretização do direito humano e fundamental ao meio ambiente sadio. Contudo, os órgãos jurisdicionais internos podem se mostrar falhos ou omissos na tarefa de garantir a efetividade do citado direito humano. Até porque um dos maiores obstáculos para a atuação do Poder Judiciário é a falta de uma cultura jurídica própria para o meio ambiente, tendo em vista a especialidade e a complexidade da matéria, tanto no plano processual quanto no plano do direito material.[2]

Com efeito, há posicionamentos teóricos e jurisprudenciais negando ao Poder Judiciário o poder/dever de compelir o Estado a

---

[1] Programa das Nações Unidas para o Desenvolvimento – PNUD. *Relatório de desenvolvimento humanos 2013*: a ascensão do Sul: o progresso humano num mundo diversificado, 2013. p. 97. Disponível em: <http://www.un.cv/files/HDR2013%20Report%20Portuguese.pdf>. Acesso em: 03 fev. 2014.

[2] BODNAR. *Revista de Doutrina da 4ª Região*, 2006.

realizar ações e medidas administrativas concretas voltadas para a defesa do meio ambiente, sob os mais variados argumentos, tais como: suposta violação ao princípio da harmonia e separação dos Poderes, violação do princípio democrático, violação da discricionariedade administrativa, da cláusula da reserva do possível ou, simplesmente, porque o art. 225 da Carta Magna consubstancia norma constitucional programática.

Nesse toar, o uso dos sistemas universal e regionais de promoção e proteção dos direitos humanos pode ser um importante instrumento de tutela jurisdicional do direito ao meio ambiente sadio, sempre que as instituições judiciais domésticas se mostrarem falhas ou omissas, o que revela a pertinência e a atualidade que envolve o tema explorado no presente livro, qual seja, a justiciabilidade do direito humano ao meio ambiente sadio perante a Corte Interamericana de Direitos Humanos e, por consequência, a proteção da natureza no plano do sistema interamericano de direitos humanos.

A proteção internacional dos direitos humanos está estruturada em dois tipos de sistemas de proteção: o global e os regionais. O sistema global foi institucionalizado pela Organização das Nações Unidas (ONU), após a Segunda Guerra Mundial, cujos principais instrumentos normativos são a Declaração Universal dos Direitos Humanos de 1948, o Pacto Internacional dos Direitos Civis e Políticos e o Pacto Internacional dos Direitos Econômicos, Sociais e Culturais.

Os sistemas regionais de proteção dos direitos humanos foram estruturados por organizações continentais, em especial a Organização dos Estados Americanos, o Conselho da Europa e a União Africana, ao longo da segunda metade do século XX. Os três principais sistemas regionais de proteção dos direitos humanos são o interamericano, o europeu e o africano, apesar de haver, ainda que de forma incipiente, a formação de um sistema asiático e de um sistema árabe-islâmico de proteção dos direitos humanos, todos com o propósito de promover a proteção e a valorização dos direitos humanos.

O sistema interamericano de direitos humanos é regido por dois subsistemas: o sistema vinculado à Carta da Organização dos Estados Americanos (OEA) e à Declaração Americana dos Direitos e Deveres dos Homens; e o sistema vinculado à Convenção e ao Protocolo Adicional à Convenção Americana em Matéria de Direitos Econômicos, Sociais e Culturais, sendo que o presente trabalho irá se ocupar exclusivamente com o sistema vinculado à Convenção e ao Protocolo San Salvador.

Desse modo, o livro demonstrará que o direito humano ao meio ambiente sadio pode ser judicialmente tutelado, por via reflexa ou indireta, perante a Corte Interamericana de Direitos Humanos, e que o referido Tribunal internacional poderá, por via de consequência, determinar à República Federativa do Brasil a realização de prestações de natureza fática ou jurídica necessárias para o efetivo exercício do direito ao meio ambiente sadio.

No primeiro capítulo, tratar-se-á da crise ecológica da atualidade, haja vista o aumento da produção e do consumo, nas últimas décadas, que foi fomentado à base da destruição do meio ambiente, à custa de florestas, lagos, rios, oceanos, solo e ar, com possibilidade real de aniquilação do ser humano.

Em seguida, discutir-se-á a necessidade de compatibilização do desenvolvimento com a proteção da natureza, mediante a promoção do desenvolvimento sustentável, como instrumento de garantia não somente da vida biológica, mas da vida com dignidade e qualidade para as presentes e futuras gerações.

A agregação da proteção do meio ambiente às funções, às tarefas e aos fins do Estado Social e os princípios estruturantes do Estado Socioambiental de Direito brasileiro, quais sejam, prevenção, precaução, participação popular e poluidor-pagador serão, posteriormente, analisados.

Ao final do primeiro capítulo, abordar-se-á a concepção holística ou unitária de meio de ambiente, na qual estão inseridas as dimensões relativas ao meio ambiente natural, ao meio ambiente artificial, ao meio ambiente cultural e ao meio ambiente do trabalho.

No segundo capítulo, analisar-se-á o direito humano ao meio ambiente sadio, discutindo-se, inclusive, o conceito de direitos humanos, a sua concepção contemporânea e suas características, a evolução histórica dos direitos humanos e o processo de internacionalização do direito ao meio ambiente sadio.

No capítulo seguinte, tratar-se-á do direito ao meio ambiente sadio na Constituição Federal de 1988. A pesquisa discutirá a consagração do direito ao meio ambiente ecologicamente equilibrado como direito formal e materialmente fundamental previsto pela Carta Política de 1988.

Logo após, abordar-se-á o dever estatal de promover e proteger a natureza, apoiando-se na premissa de que a Constituição Federal de 1988, ao acolher o chamado princípio da obrigatoriedade da intervenção estatal, enunciou a ideia de que o Poder Público tem a obrigação de promover a defesa do meio ambiente, retirando do administrador público qualquer juízo de conveniência e oportunidade sobre a proteção ou não do meio ambiente.

Em seguida, enfocar-se-á a questão da efetividade do direito fundamental ao meio ambiente sadio e a sua relação com a chamada reserva do possível, uma vez que a promoção de ações concretas relativas à proteção do meio ambiente envolve necessariamente o dispêndio de recursos públicos, que são escassos.

Ao final do terceiro capítulo, o livro demonstrará que o Estado poderá ser, em caso de omissão ilícita do dever de promover e proteger o meio ambiente, demandado no âmbito da jurisdição interna da República Federativa do Brasil. Oportunidade na qual serão discutidos pontos relacionados à eventual intromissão do Poder Judiciário em questões tipicamente reservadas à discricionariedade e às opções políticas do Poder Executivo e à violação ao princípio da separação dos Poderes previsto no art. 2º da Constituição Federal.

No quarto capítulo, tratar-se-á, inicialmente, do sistema interamericano de direitos humanos, que é regido por dois subsistemas: o sistema vinculado à Carta da Organização dos Estados Americanos (OEA) e à Declaração Americana dos Direitos e Deveres dos Homens e o sistema vinculado à Convenção Americana sobre Direitos Humanos e ao Protocolo Adicional à Convenção Americana em Matéria de Direitos Econômicos, Sociais e Culturais.

Posteriormente, analisar-se-ão a Convenção Americana sobre Direitos Humanos, o Protocolo de San Salvador, a organização e o funcionamento da Comissão e da Corte Interamericana de Direitos Humanos, notadamente o sistema de petições e o processo contencioso perante o retromencionado Tribunal internacional.

Após essa análise, o livro abordará a questão da proteção do direito humano ao meio ambiente sadio no âmbito da jurisdição contenciosa da Corte Interamericana de Direitos Humanos, analisando, inclusive, as possibilidades e as estratégias de sindicabilidade do referido direito ante a Corte, na medida em que as violações dos direitos sociais, econômicos e culturais reconhecidos no Protocolo de San Salvador não se submetem ao sistema de petições individuais regulado pelos artigos 44 a 51 e 61 a 69 da Convenção Americana sobre Direitos Humanos e, por consequência, não se sujeitam à jurisdição contenciosa da Corte Interamericana de Direitos Humanos, à exceção dos direitos relativos à liberdade sindical, à livre associação sindical e à educação, conforme art. 19.6 do Protocolo de San Salvador.

Apesar de o direito ao meio ambiente sadio não poder ser diretamente reivindicado perante a Corte Interamericana de Direitos Humanos, perceber-se-á, a partir da indivisibilidade e interdependência dos direitos humanos, a viabilidade jurídica da tutela jurisdicional internacional pela via reflexa ou indireta, possibilitando-se, assim, ao aludido Tribunal condenar a República Federativa do Brasil a obrigações negativas e/ou positivas de promoção e proteção da natureza.

Por fim, será analisada criticamente a questão da eficácia interna das decisões da Corte Interamericana de Direitos Humanos, apresentando, na oportunidade, argumentos favoráveis à concepção de que as sentenças da mencionada Corte, independentemente da natureza da obrigação imposta à República Federativa do Brasil, são títulos executivos judiciais, podendo ser executadas, portanto, perante o Poder Judiciário brasileiro.

CAPÍTULO 1

O ESTADO SOCIOAMBIENTAL DE DIREITO

A crise ecológica na sociedade de risco atual impõe a construção de um Estado Socioambiental de Direito, que tenha em seus objetivos precípuos a promoção da dignidade da pessoa humana e a proteção e a promoção do meio ambiente sadio, dimensões essas ínsitas do desenvolvimento sustentável.

1.1 Crise ecológica

A relação do ser humano com a natureza sempre foi, desde os tempos primevos, utilitarista, no sentido de que os seres humanos extraem recursos da natureza para satisfazer suas necessidades, gerando assim efeitos que inicialmente eram totalmente absorvidos pelo ecossistema, já que havia uma pequena quantidade de pessoas no planeta e as sociedades tradicionais eram baseadas na agricultura de subsistência.

Contudo, a modernidade, que Anthony Giddens conceitua como "estilo, costume de vida ou organização social que emergiram na Europa a partir do século XVII e que ulteriormente se tornaram mais ou menos mundiais em sua influência",[3] substituiu as sociedades tradicionais pela sociedade moderna, da qual o capitalismo e a industrialização são duas de suas dimensões.

O capitalismo é sistema de produção de bens e serviços, fulcrado numa relação estabelecida entre a propriedade privada do capital e o trabalho assalariado, ao passo que a industrialização se caracteriza pelo uso das fontes inanimadas de energia material na produção de bens, ou seja, pela utilização de máquinas no processo produtivo. O capitalismo e a industrialização representam novas formas de produção, substituindo as formas tradicionais baseadas na agricultura.[4]

A industrialização, os avanços científicos e tecnológicos, ocorridos após a Segunda Guerra Mundial, transformaram a sociedade ocidental moderna em uma sociedade de consumo. Ela se caracteriza como um grupo social em estágio avançado de desenvolvimento industrial, com grande circulação e consumo de bens e serviços oferecidos graças a uma produção intensiva, pois o homem contemporâneo tem uma necessidade ilimitada de adquirir e usar inúmeros bens e serviços.[5]

Na sociedade de consumo, os produtos não são fabricados em função do seu respectivo valor de uso ou da sua utilidade, mas antes em função de seu perecimento calculado, da sua morte,[6] ou seja, os bens e serviços inseridos no mercado de consumo têm vida curta e sua morte é programada. É a chamada "obsolescência programa", estratégia utilizada por empresas para diminuir o ciclo de vida dos produtos, objetivando a sua substituição por novos bens e serviços, aumentando assim os lucros através das vendas constantes e maiores de seus produtos.

"Os mercados de consumo se concentram na desvalorização imediata de suas antigas ofertas, a fim de limpar a área da demanda pública para que novas ofertas a preencham",[7] por meio da inserção de novos bens e serviços no mercado. Destarte, produzem carências e desejos nas pessoas, pois passam a ser julgadas por aquilo que consomem, vestem ou calçam, pelos locais que frequentam, pelos bens materiais que possuem e mostram aos outros membros da sociedade.

---

[3] GIDDENS. *As consequências da modernidade*, p. 11.

[4] GIDDENS. *As consequências da modernidade*, p. 53.

[5] FAJARDO. *Consumo consciente, comércio justo*: conhecimento e cidadania como fatores econômicos, p. 14.

[6] BAUDRILLARD. *A sociedade de consumo*, p. 44.

[7] BAUMAN. *Vida para o consumo*: a transformação das pessoas em mercadoria, p. 128.

Nesse contexto, os indivíduos são incentivados pelos diversos veículos de publicidade a consumir desenfreadamente, a adquirir produtos não essenciais e desnecessários. Nesse caso, a "publicidade realiza o prodígio de um orçamento considerável gasto com o único fim, não de acrescentar, mas de *tirar o valor* de uso dos objectos, de diminuir o seu valor/tempo, sujeitando-se ao valor/moda e à renovação acelerada",[8] já que incute na mente das pessoas que os seus produtos se tornaram defasados, induzindo-as, assim, a adquirir novos produtos.

A sobrevivência da sociedade de consumo depende da criação de desejos e carências por novas mercadorias. É preciso, pois, embutir na consciência dos homens a necessidade de adquirir novos bens e serviços, a fim de que o produto, ao ser inserido no mercado, seja ao máximo consumido e, em seguida, substituído por outra mercadoria. Segundo Fátima Portilho:

> A Sociedade de Consumo não tem sido eficiente em prover, mesmo para os incluídos, uma vida boa e digna. A felicidade e a quantidade de vida têm sido cada vez mais associadas, reduzidas e dependentes da quantidade de consumo, provocando um ciclo de supertrabalho para manter um superconsumo ostentatório, que reduz o tempo dedicado ao lazer e às demais atividades e relações sociais. [...] o cidadão é reduzido à esfera do consumo, sendo cobrado por uma espécie de "obrigação moral e cívica de consumir".[9]

O processo de desenvolvimento econômico e o avanço industrial, em especial após a segunda metade do século XX, intensificaram os impactos negativos da interferência do ser humano no meio ambiente, uma vez que é a natureza quem fornece a matéria-prima dos produtos inseridos no mercado. Aliás, Anthony Giddens ressalta que "o capitalismo e o industrialismo criaram um mundo num sentido mais negativo e ameaçador, um mundo no qual há mudanças ecológicas reais ou potenciais de um tipo daninho que afeta a todos no planeta".[10]

Zygmunt Bauman afirma que "o consumo é uma condição, e um aspecto, permanente e irremovível, sem limites temporais ou históricos; um elemento inseparável da sobrevivência biológica que nós humanos

---

[8] BAUDRILLARD. *A sociedade de consumo*, p. 45.
[9] PORTILHO. *Sustentabilidade ambiental, consumo e cidadania*, p. 21-22.
[10] GIDDENS. *As consequências da modernidade*, p. 71.

compartilhamos com todos os outros organismos vivos",[11] ou seja, é uma necessidade vital do ser humano. Consumimos para viver.

Por outro lado, o consumismo, conceituado como a "expansão de um conjunto de valores hedonistas que estimula o indivíduo, ou a sociedade, a buscar satisfação e felicidade através da aquisição e exibição pública de uma grande quantidade de bens e serviços",[12] é um dos principais problemas da sociedade moderna porque os atuais padrões de consumo e estilos de vida estão nas bases da crise ambiental da atualidade. Hoje, os indivíduos passam a consumir com os olhos e emoções voltados apenas para eles mesmos, num ato extremamente individualista e egoísta, sem se preocupar com as consequências socioambientais de suas decisões de consumo. Vive-se uma cultura de consumismo.

Até a década de 1970, os países desenvolvidos atribuíam a culpa pela degradação ambiental ao crescimento demográfico dos países em desenvolvimento, que provocava uma rápida redução dos recursos naturais do planeta. Com a Conferência das Nações Unidas sobre Meio Ambiente de 1972, tradicionalmente conhecida como Conferência de Estocolmo, a causa da crise ambiental foi substituída pelos padrões de produção dos países desenvolvidos do Hemisfério Norte, afirmando-se que o problema ecológico era resultado, principalmente, do estilo de produção, capitalista e socialista, dos países industrializados, que se utilizavam de grande quantidade de recursos naturais no processo produtivo, provocando, inclusive, poluição.

Contudo, a partir dos anos de 1990, intensificou-se a percepção de que os problemas ambientais estariam relacionados com os atuais padrões de consumo, de modo que a causa da crise ecológica passou a ser identificada, não somente pelos modos de produção, mas, principalmente, pelos hábitos de consumo e estilos de vida das pessoas.

De fato, com a Conferência das Nações Unidas sobre Meio Ambiente e Desenvolvimento (ECO-92), realizada na cidade do Rio de Janeiro em junho de 1992, o problema ambiental passou a ser relacionado ao impacto ecológico dos padrões de consumo e estilos de vida das pessoas e não somente ao aumento populacional e aos modos de produção dos países.[13] O Capítulo 4 da Agenda 21 Global reconhece que as principais causas da deterioração do meio ambiente são os padrões insustentáveis de produção e consumo, especialmente nos países industrializados. Por

---

[11] BAUMAN. *Vida para o consumo*: a transformação das pessoas em mercadoria, p. 37.

[12] PORTILHO. *Sustentabilidade ambiental, consumo e cidadania*, p. 25.

[13] PORTILHO. *Sustentabilidade ambiental, consumo e cidadania*, p. 53.

esse motivo o Princípio 8 da Declaração do Rio sobre Meio Ambiente e Desenvolvimento estabelece que "para alcançar o desenvolvimento sustentável e uma qualidade de vida mais elevada para todos, os Estados devem reduzir e eliminar os padrões insustentáveis de produção e consumo, e promover políticas demográficas adequadas".

Nesse diapasão, Fritjof Capra ressalta que "a busca de um crescimento econômico contínuo e indiferenciado é claramente insustentável, pois a expansão ilimitada num planeta finito só pode levar à catástrofe".[14] Enfim, as nossas atividades econômicas, estilos de vida e hábitos de consumo estão destruindo a biodiversidade e o planeta a um ponto quase irreversível, razão pela qual se deve reduzir ao máximo o impacto das atividades humanas na natureza.

A relação do homem com a natureza é denominada por Marx de metabolismo. Tal interação se dá através do trabalho e o trabalho real, por sua vez, é a apropriação da natureza para a satisfação das necessidades humanas, a atividade através da qual o metabolismo entre o homem e o meio ambiente é mediado.[15]

O ser humano passou da submissão à natureza para a dominação da mesma, provocando uma falha metabólica na interação entre o homem e a natureza porque a apropriação dos recursos naturais pelo homem é superior à capacidade de resiliência e de regeneração do ecossistema, exigindo-se, dessa forma, nos dias atuais, uma relação harmônica entre o ser humano e o meio ambiente.

Aliás, Karl Marx já demonstrava no século XIX preocupação com a mudança de postura do homem com a natureza, quando no volume 1 do *Capital* desenvolveu uma crítica sobre a exploração capitalista do solo, ao ressaltar que a agricultura capitalista de larga escala perturbava a relação metabólica entre o homem e a terra, afetando demasiadamente a fertilidade do solo e, consequentemente, o ser humano.[16]

Nas sociedades tradicionais o homem estava perfeitamente integrado à natureza e à vida da Terra. Entretanto, a partir do século XVII operou-se uma disjunção entre o ser humano e o meio ambiente, apoiada no pensamento de que o homem é o único ser do planeta a possuir alma, da qual os animais e plantas seriam desprovidos, motivo pelo qual o homem se tornou dominador e mestre da natureza. A partir daí, o desenvolvimento econômico-industrial, tecnológico e científico

---

[14] CAPRA. *As conexões ocultas*: ciência para uma vida sustentável, p. 157.
[15] FOSTER. *A ecologia em Marx*: materialismo e natureza, p. 222.
[16] FOSTER. *A ecologia em Marx*: materialismo e natureza, p. 219.

passou a dominar a natureza, na qual tudo o que é vivo e não humano pode ser escravizado, manipulado e destruído.[17]

O desenvolvimento industrial, tecnológico e científico ensejou, a partir da segunda metade do século XX, a transformação da sociedade industrial clássica, apoiada na contraposição entre natureza e ser humano, em uma sociedade de risco porque as atividades humanas produzem riscos à vida de plantas, animais e seres humanos, que já não são mais limitados social e geograficamente. Tais riscos são globalizantes, fazendo surgir ameaças globais e independente de classes.[18]

A modernidade é, no dizer de Anthony Giddens, inerentemente globalizante. A globalização é, por sua vez, a "intensificação das relações sociais em escala mundial, que ligam localidades distantes de tal maneira que os acontecimentos locais são modelados por eventos ocorridos a muitas milhas de distância",[19] revelando-se ser um processo dialético porque fatos locais podem modelar e influenciar as relações e fatores sociais existentes em outros lugares distantes.

A crise ecológica é produto de um processo de três faces, quais sejam, a globalização, a ocidentalização e o desenvolvimento, que degrada a biosfera de forma irresistível, no âmbito local e global, colocando em risco a existência da humanidade e da vida no planeta, haja vista a multiplicação dos danos ambientais, com poluições do solo, do ar, dos rios, oceanos, lagos, lençóis freáticos, desflorestamento em grandes proporções, acidentes nucleares e o aquecimento global.[20]

Os riscos produzidos pela sociedade industrial até a primeira metade do século XX eram concretos e sensorialmente perceptíveis, enquanto os da sociedade pós-moderna são globais, incertos e imprevisíveis, podendo levar à autodestruição do planeta. Nessa linha, Ulrich Beck reconhece que os riscos podem ser concretos, isto é, visíveis e previsíveis pelo conhecimento humano, ou abstratos, que têm como característica a invisibilidade e a imprevisibilidade da racionalidade humana.[21]

A atual crise ecológica é agravada pelo que Ulrich Beck chama de "irresponsabilidade organizada", na medida em que o Estado e os particulares, cientes da existência de riscos ambientais decorrentes das atividades econômicas do homem, ocultam-nos ou dissimulam-nos de

---

[17] MORIN. *A via para o futuro da humanidade*, p. 98.

[18] BECK. *Sociedade de risco*: rumo a uma outra modernidade, p. 16.

[19] GIDDENS. *As consequências da modernidade*, p. 60.

[20] MORIN. *A via para o futuro da humanidade*, p. 101.

[21] BECK. *Sociedade de risco*: rumo a uma outra modernidade, p. 27.

acordo com os seus interesses políticos e econômicos, transmitindo para a sociedade a sensação de risco ambiental inexistente ou controlado.[22]

Os riscos provocados à natureza e aos seres humanos são, em sua maioria, invisíveis e imperceptíveis, exigindo, portanto, prova científica da sua existência para serem reconhecidos a fim de que sejam tomadas as medidas necessárias à contenção deles. Assim, Ulrich Beck leciona que:

> [...] muitos dos novos riscos (contaminações nucleares ou químicas, substâncias tóxicas nos alimentos, enfermidades civilizacionais) escapam inteiramente à capacidade perceptiva humana imediata. Cada vez mais estão no centro das atenções ameaças que com frequência não são nem visíveis nem perceptíveis para os afetados, e sim na vida de seus descendentes, em todo caso ameaças que exigem os "órgãos sensoriais" da ciência — teorias, experimentos, instrumentos de medição — para que possam chegar a ser "visíveis" e interpretáveis como ameaças.[23]

A crise ecológica vem das bases de nossa percepção porque com a modernidade os homens passaram a não mais enxergar a natureza como um ser vivo, além de não enxergarem também que são inseparáveis dela e da Terra.[24] Deve-se superar a ideia mecanicista-cartesiano de que a compreensão do comportamento do todo deveria partir das propriedades de suas partes, a partir de uma visão sistêmica em que as propriedades essenciais de um organismo são propriedades do todo e que somente podem ser entendidas dentro do contexto do todo mais amplo.[25]

Até os anos 1960, prevaleceu o antropocentrismo, que tem as suas origens na tradição judaico-cristã. Segundo essa doutrina, Deus criou os homens à sua imagem e semelhança para governar os animais sobre a terra e, por isso, seria um ser superior e distinto dos demais seres vivos existentes na Terra; por conseguinte, a natureza e os seres vivos não humanos, privados de qualquer valor intrínseco, estavam a serviço e à disposição do homem. Na concepção antropocêntrica, o meio ambiente é protegido com o objetivo precípuo de assegurar o bem-estar do homem, num sentido utilitarista de que a natureza pode ser subjugada em favor dos interesses humanos.[26]

---

[22] BECK. *Ecological Politics in an Age of Risk*, p. 61.
[23] BECK. *Sociedade de risco*: rumo a uma outra modernidade, p. 32.
[24] HARDING. *Terra viva*: ciência, intuição e a evolução de Gaia: para uma nova compreensão da vida em nosso planeta, p. 37.
[25] CAPRA. *A teia da vida*: uma nova compreensão científica dos sistemas vivos, p. 40-41.
[26] CHALFUN. *Revista Brasileira de Direito Animal*, p. 214.

Em 1962, Rachel Carson chamou a atenção do mundo para uma série de problemas ambientais decorrentes dos avanços tecnológicos e industriais empreendidos pelo homem após a Segunda Guerra Mundial. Em sua obra *Silent Spring*, relatou os efeitos nocivos ao meio ambiente e à saúde humana em virtude do uso crescente e indiscriminado de inseticidas e herbicidas, em especial o Dicloro-Difenil-Tricloroetano, conhecido como DDT, provocando comoção e indignação nos Estados Unidos da América e no resto do mundo.[27]

Com isso, a tomada de consciência a respeito do problema ambiental, antes restrito ao debate científico, ultrapassou, com o passar dos anos, as fronteiras da comunidade acadêmica e alcançou a sociedade civil, despertando a preocupação mundial com a crise ambiental que afeta a vida dos animais, das plantas e dos seres humanos.

O problema ambiental da modernidade ensejou uma mudança de percepção da relação do homem com a natureza a partir dos anos de 1970, com o surgimento dos movimentos verdes como o conservacionista, o preservacionista, o antropocentrismo alargado, a ecologia profunda e o ecossocialismo ou ecomarxismo, que ultrapassaram a concepção até então dominante do antropocentrismo utilitarista. Isso possibilitou uma discussão mundial mais ampla sobre o problema do crescimento econômico ilimitado inerente ao capitalismo, cujo ponto máximo ou divisor de águas foi a Conferência de Estocolmo de 1972 sobre o meio ambiente.

"As vias para se responder à ameaça ecológica não são apenas técnicas; elas necessitam, prioritariamente, de uma reforma do nosso modo de pensar para englobar a relação entre humanidade e a natureza em sua complexidade".[28] Por isso, deve-se reconhecer que "somos filhos da Terra, filhos da Vida, filhos do Cosmo" e que o "pequeno planeta perdido denominado Terra é o nosso lar – *home, Heimat*; que ele é nossa mátria, nossa Terra-Pátria", enfim "devemos nos sentir solidários com este planeta, cuja vida condiciona a nossa".[29] A propósito, Stephan Harding aduz:

> Precisamos sentir que cada passo nosso é dado não *sobre* a Terra, mas *nela*; que caminhamos, falamos e vivemos toda a nossa vida dentro de um grande ser planetário que está continuamente nos alimentando fisicamente com seu prodigioso manto de verde e sua exuberante atmosfera

---

[27] SAMPAIO. *Direito ambiental*: doutrina e casos práticos, p. 71.

[28] MORIN. *A via para o futuro da humanidade*, p. 104.

[29] MORIN. *A via para o futuro da humanidade*, p. 104.

em torvelinho, um ser que acalma nossa psique com sua linguagem sutil de vento e chuva, com a investida de pássaros selvagens e com a majestade de suas montanhas. [...] Precisamos desenvolver uma consciência de que Gaia realmente está viva, não em algum sentido metafórico, mas de fato, efetivamente, palpavelmente, possibilitando que você reconheça na alegria do sol nos grandes desfolhados das árvores de inverno não apenas a sua própria alegria, a alegria do cosmos inteiro festejando, com puro assombro, que tamanha beleza pudesse ter se desdobrado dele, como folha nova britando na primavera para a plenitude do ser. Deixe Gaia levá-lo — se permita ser de novo, mas uma vez, *ganho por Gaia*.[30]

Nessa mesma linha, Fritjof Capra aduz a necessidade de mudanças de paradigmas e de percepção, isto é, na forma de pensar e nos nossos valores, a fim de se reconhecer uma visão holística do mundo, no sentido de que os seres humanos e a natureza estão interligados e são interdependentes.[31] A interdependência e a interconexão entre seres humanos e natureza é flagrante porque não há possibilidade de se separá-los, pelo simples fato de que é a natureza quem fornece a vida aos seres humanos.

A Convenção sobre Diversidade Biológica (CDB) define, em seu artigo 2º, diversidade biológica como a variabilidade de organismos vivos de todas as origens, compreendendo, dentre outros, os ecossistemas terrestres, aquáticos e os complexos ecológicos de que fazem parte; compreendendo ainda a diversidade dentro de espécies, entre espécies e de ecossistemas.

Nessa esteira, Márcia Rodrigues Bertoldi e Karyna Batista Sposato lecionam que a biodiversidade é "a vida sobre a terra". O seu conceito compreende a diversidade de espécies da fauna, da flora e de micro-organismos, a diversidade de ecossistemas e a diversidade genética dentro de cada espécie.[32]

A Terra é um organismo vivo. Os seres vivos, humanos e não humanos, o ar, o solo e os recursos hídricos formam a própria natureza, que funciona num todo. As partes que a compõem são interdependentes e inter-relacionadas e a interferência em um componente de um ecossistema gera desequilíbrio para os demais, razão pela qual se impõe a preservação da integridade e equilíbrio do ecossistema.[33]

---

[30] HARDING. *Terra viva*: ciência, intuição e a evolução de Gaia: para uma nova compreensão da vida em nosso planeta, p. 280-281.
[31] CAPRA. *A teia da vida*: uma nova compreensão científica dos sistemas vivos, p. 25-26.
[32] BERTOLDI; SPOSATO. *Revista de Direitos Fundamentais e Democracia*, p. 77.
[33] BECKERT. *Revista Portuguesa de Filosofia*, p. 686.

Desse modo, faz-se mister a preservação da biodiversidade para a evolução e manutenção dos sistemas necessários à vida no planeta, pois como adverte Christian Lévêque a proteção da biodiversidade é indispensável para manter os processos do mundo vivo, já que ela promove a regulação dos equilíbrios físico-químicos da biosfera.[34] Os seres vivos são membros de comunidades ecológicas interrelacionadas e interdependentes e portadores de igual consideração moral, de modo que se deve promover a preservação da vida e não a sua destruição. Assim, os valores morais são inerentes a todos os seres vivos porque os seres humanos e os não humanos são constitutivos de um todo só, a teia da vida.[35]

A preservação da natureza depende do reconhecimento de que toda a vida tem um valor intrínseco, independentemente da utilidade que tenha para os seres humanos, pois a Terra é um verdadeiro ser vivo plenamente integrado por todas as formas de vida, interligados e interdependentes. A Terra é o todo e ele é maior que soma de suas partes.

No que pese a Constituição Federal alçar, em seu art. 1º, inciso III, a dignidade da pessoa humana à condição de princípio e fundamento da República Federativa do Brasil, verdade é que o ser humano não ocupa uma posição superior ou privilegiada em relação aos demais elementos da natureza. Ao contrário, a Carta Magna de 1988 reconhece a dignidade da própria vida de um modo geral e assegura a preservação de todas as formas de vida existentes no planeta, ainda que se possa admitir que a proteção da vida em geral constitua exigência da dimensão ecológica da dignidade da pessoa humana.[36]

Ingo Wolfgang Sarlet sustenta ainda que:

[...] considerando que nem todas as medidas de proteção da natureza não humana têm por objeto assegurar aos seres humanos sua vida com dignidade (por conta do ambiente saudável e equilibrado) mas já dizem com a preservação — por si só — da vida em geral e do patrimônio ambiental, resulta evidente que se está a reconhecer à natureza um valor em si, isto é, intrínseco. Se com isso se está a admitir uma dignidade da vida para além da humana, tal reconhecimento não necessariamente conflita

---

[34] LÉVÊQUE. *A biodiversidade*, p. 15-16.
[35] CAPRA. *A teia da vida*: uma nova compreensão científica dos sistemas vivos, p. 28-29.
[36] SARLET. *Dignidade da pessoa humana e direitos fundamentais na Constituição Federal de 1988*, p. 43.

(nem mesmo por um prisma teológico, ousaríamos sugerir), com a noção de dignidade própria e diferenciada — não necessariamente superior e muito menos excludente de outras dignidades — da pessoa humana, que à evidência, somente e necessariamente é da pessoa humana.[37]

E mais, Ingo Wolfgang Sarlet afirma que a dignidade da pessoa humana não é excludente porque não eleva o homem à condição de senhor superior da natureza, mas sim inclusiva, pois dela decorrem deveres fundamentais de respeito e consideração com as demais formas de vida na Terra.

A propósito:

> […] a dignidade da pessoa humana […] há de ser compreendida como um conceito inclusivo, no sentido de que a sua aceitação não significa privilegiar a espécie humana acima das outras espécies, mas, sim, aceitar que no reconhecimento da dignidade da pessoa humana resultam obrigações para com os outros seres e correspondentes deveres mínimos e análogos de proteção.[38]

Ademais, o Decreto nº 4.339/2002, que institui princípios e diretrizes de implementação da Política Nacional da Biodiversidade, aduz que os componentes da diversidade biológica têm valor intrínseco, merecendo respeito independentemente do seu valor para o homem ou do potencial para uso humano, pugnando assim pela preservação da integridade do todo, de Gaia, da Terra.

Portanto, o ordenamento jurídico brasileiro reconhece que o homem não é a fonte única e exclusiva de dignidade, ou seja, de valor e fim, mas sim que todos os elementos da natureza, e não apenas ele, são revestidos de um valor intrínseco e dotados de dignidade, merecedores de consideração, respeito e proteção.

---

[37] SARLET. *Dignidade da pessoa humana e direitos fundamentais na Constituição Federal de 1988*, p. 43.

[38] SARLET. *Dignidade da pessoa humana e direitos fundamentais na Constituição Federal de 1988*, p. 44.

1.2 Desenvolvimento sustentável

Os atuais ritmos de desenvolvimento econômico, produção e consumo estão esgotando, como já ressaltado alhures, as reservas naturais e colocando em xeque a existência da vida no planeta, de modo que urge uma solução para a contradição existente entre crescimento econômico e preservação da natureza, uma vez que o capitalismo busca sempre o crescimento ilimitado e despreza os limites da natureza, sacrificando o chamado capital natural.

Atualmente, 20% da população mundial, localizada nos países desenvolvidos, consomem 80% dos recursos naturais do planeta, sendo que, se o restante desejar ter o mesmo padrão de vida e consumo deles seriam necessários quatro planetas Terra para atender toda a demanda.[39]

Sendo assim, é mister a compatibilização do desenvolvimento com a proteção da natureza, mediante a promoção do desenvolvimento sustentável, como instrumento de garantia não somente da vida biológica, mas da vida com dignidade e qualidade para as presentes e futuras gerações.[40]

Os conceitos de crescimento econômico e de desenvolvimento, apesar da existência de certa confusão terminológica, são termos de significados distintos. O desenvolvimento é "um processo de transformação econômica, política e social, através da qual o crescimento da qualidade de vida da população tende a tornar-se automático e autônomo",[41] promovendo, destarte, o aumento do padrão da qualidade de vida das pessoas e o bem-estar da população. Por sua vez, o crescimento econômico é o mero "aumento do produto nacional em termos globais ou *per capita* num período determinado",[42] sem provocar, necessariamente, transformações qualitativas no bem-estar humano.

O crescimento econômico é medido pelo Produto Interno Bruto (PIB). Entretanto, o referido indicador é inadequado para mensurar o desenvolvimento de um país ou do bem-estar porque não leva em consideração a depreciação de importantes ativos, particularmente a degradação do meio ambiente, ou a acumulação de bens intangíveis como cultura, direitos humanos e instituições, de modo que haverá crescimento sempre que uma economia estiver tirando bom proveito

---

[39] PORTILHO. *Sustentabilidade ambiental, consumo e cidadania*, p. 16.

[40] DALY. *Scientific American*, p. 100.

[41] PEREIRA. *Desenvolvimento e crise no Brasil*, p. 21.

[42] GARBADO. *Interesse público e subsidiariedade*: o Estado e a sociedade civil para além do bem e do mal, p. 243.

mercantil da natureza ou dos trabalhos escravo e infantil, mas não haverá desenvolvimento.[43]

O índice comumente utilizado para aferir o desenvolvimento é o Índice de Desenvolvimento Humano (IDH), proposto por Amartya Sen, Prêmio Nobel de Economia de 1998, e Mahbub ul Haq, que reflete o progresso, a longo prazo, de três dimensões básicas do desenvolvimento humano, quais sejam, renda, educação e saúde.[44]

Assim, o processo de desenvolvimento deve realizar a dignidade da pessoa humana mediante a promoção da melhoria da qualidade de vida e do bem-estar da população em ritmo contínuo e automático.

Ocorre que os desenvolvimentos econômico e tecnológico aumentaram as consequências negativas da interferência do ser humano no meio ambiente, de maneira que o capitalismo e a industrialização criaram um mundo num sentido mais negativo e ameaçador. Um mundo no qual há mudanças ecológicas reais ou potenciais de um tipo daninho que afeta a todos no planeta.[45]

"A percepção da finitude dos recursos naturais, aliada ao conhecimento dos efeitos colaterais que a exploração desenfreada desses recursos acarreta, originou nova visão do processo de desenvolvimento, não circunscrita aos aspectos exclusivamente econômicos",[46] de forma que se faz necessária a integração entre desenvolvimento e a proteção do meio ambiente.

Segundo Enrique Leff:

> Na percepção desta crise ecológica foi sendo configurado um conceito de ambiente com uma nova visão do desenvolvimento humano, que reintegra os valores e potenciais da natureza, as externalidades sociais, os saberes subjugados e a complexidade do mundo negados pela racionalidade mecanicista, simplificadora, unidimensional e fragmentadora que conduziu o processo de modernização.[47]

O sentido de desenvolvimento vai além do conceito puramente econômico, visto que pressupõe uma aproximação centrada nos direitos

---

[43] VEIGA. *A emergência socioambiental*, p. 41.

[44] Disponível em: <http://www.pnud.org.br/IDH/IDH.aspx?indiceAccordion=0&li=li_IDH>. Acesso em: 12 jul. 2012.

[45] GIDDENS, Anthony. *As consequências da modernidade*, p. 71.

[46] JÚNIOR. *Regulação e desenvolvimento*: novos temas, p. 88.

[47] LEFF. *Saber ambiental*: sustentabilidade, racionalidade, complexidade, poder, p. 17.

humanos, donde se dever ter sempre em mente a paz, a economia, o meio ambiente, a justiça e a democracia.[48]

Assim, a concepção de desenvolvimento deve estar intimamente jungida à concretização da dignidade da pessoa humana e à defesa do meio ambiente, de forma que o desenvolvimento deve ser perseguido sem provocar danos ecológicos ou, ao menos, com o mínimo de impactos negativos na natureza, promovendo, assim, o desenvolvimento sustentável.

A expressão "desenvolvimento sustentável" foi publicamente utilizada pela primeira vez em 1979 no Simpósio das Nações Unidas sobre as Inter-relações entre Recursos, Ambiente e Desenvolvimento. Contudo, é o Relatório *Brundtland*, denominado Nosso Futuro Comum, da Comissão Mundial sobre Meio Ambiente e Desenvolvimento, de 1987, que faz uma das definições mais conhecidas sobre desenvolvimento sustentável. Diz o Relatório *Brundtland* que desenvolvimento sustentável é aquele que satisfaz as necessidades presentes, sem comprometer a capacidade das gerações futuras de suprir suas próprias necessidades, oferecendo uma perspectiva diferenciada da questão ambiental e do desenvolvimento.

Em razão do Informe *Brundtland*, todos os Chefes de Estado do planeta foram convocados para participar da Conferência das Nações Unidas sobre Meio Ambiente e Desenvolvimento, realizada na cidade do Rio de Janeiro em junho de 1992, com o objetivo de solucionar a contradição existente entre meio ambiente e desenvolvimento.

A ECO-92 valorizou o direito ao desenvolvimento em harmonia com a proteção do meio ambiente. O Princípio 1 da Declaração do Rio sobre Meio Ambiente e Desenvolvimento colocou os seres humanos no centro das preocupações com o desenvolvimento sustentável, reconhecendo o direito a uma vida saudável e produtiva em sintonia com a natureza. De fato, o Princípio 4 da referida Declaração estabelece que "a proteção ambiental constituirá parte integrante do processo de desenvolvimento e não pode ser considerada isoladamente deste". Ressalta ainda, em seu princípio 25, que o desenvolvimento e a proteção ambiental são interdependentes e indivisíveis. Sendo assim, não se pode falar em desenvolvimento que não seja sustentável porque "a proteção do meio ambiente passou a ser nos documentos internacionais limite interno que molda e qualifica o direito ao desenvolvimento".[49]

---

[48] RISTER. *Direito ao desenvolvimento*: antecedentes, significados e consequências, p. 56.

[49] JÚNIOR. *Comércio internacional e proteção do meio ambiente*, p. 65-66.

Verifica-se, assim, que o desenvolvimento sustentável procura conciliar o progresso econômico com o meio ambiente, de forma que as atividades humanas, em especial as de produção e consumo, sejam executadas dentro da capacidade de resiliência da natureza. Isso objetiva garantir a perenidade dos recursos naturais e evitar que a fruição do necessário à satisfação das necessidades da presente geração impeça as futuras de terem as suas próprias necessidades satisfeitas em decorrência da degradação ambiental.

Aliás, o Princípio 3 da Declaração do Rio sobre Meio Ambiente e Desenvolvimento afirma que "o direito ao desenvolvimento deve ser exercido de modo a permitir que sejam atendidas equitativamente as necessidades de desenvolvimento e de meio ambiente das gerações presentes e futuras".

O conceito de desenvolvimento sustentável é, apesar de largamente indeterminado, tridimensional. Segundo Ignacy Sachs o desenvolvimento sustentável se sustenta sobre três pilares ou dimensões, quais sejam, social, econômico e ambiental, *verbis*:

> [...] trabalho atualmente com a ideia do desenvolvimento socialmente includente, ambientalmente sustentável e economicamente sustentado. Ou seja, um tripé formado por três dimensões básicas da sociedade. Aprofundemos um pouco esses conceitos. Por que socialmente includente? Porque os objetivos do desenvolvimento são sempre éticos e sociais. É disso que se trata. Como promover o progresso social? Com base num postulado ético de solidariedade com a nossa geração, uma solidariedade sincrônica com a nossa geração. E temos que fazê-lo respeitando as condicionalidades ecológicas, as condicionalidades ambientais, a partir de um outro conceito ético: o conceito ético da solidariedade diacrônica com as gerações futuras. Por outro lado, para que as coisas aconteçam, é preciso que sejam economicamente viáveis. A viabilidade econômica é uma condição necessária, porém certamente não suficiente para o desenvolvimento. O econômico não é um objetivo em si, é apenas o instrumental com o qual avançar a caminho do desenvolvimento includente e sustentável.[50]

Em linhas gerais, pode-se afirmar que a sustentabilidade econômica impõe eficiência social na alocação e gestão de recursos públicos, a sustentabilidade social exige um processo de desenvolvimento que promova a justiça redistributiva e a maximização da eficácia dos direitos humanos sociais e, por fim, a sustentabilidade

---

[50] SACHS. *Dilemas e desafios do desenvolvimento sustentável no Brasil*, p. 22-23.

ambiental pugna pela implementação de uma justiça ambiental intergeracional, preocupando-se com os impactos negativos das atividades humanas no meio ambiente, a fim de que o desenvolvimento permita às gerações futuras o acesso a um meio ambiente sadio e necessário à qualidade de vida.

A Conferência das Nações Unidas sobre o Desenvolvimento Sustentável (RIO+20), realizada na cidade do Rio de Janeiro em junho de 2012, reconheceu que é imprescindível a integração e a realização dos pilares econômico, social e ambiental para a concretização do desenvolvimento sustentável. Com efeito, o item 3 do documento final denominado "O Futuro que Queremos", aprovado pela Resolução nº 66/288 da Assembleia-Geral da Nações Unidas, afirma que "es necesario incorporar aún más el desarrollo sostenible en todos los niveles, integrando sus aspectos económicos, sociales y ambientales y reconociendo los vínculos que existen entre ellos, con el fin de lograr el desarrollo sostenible en todas sus dimensiones".

Entretanto, há um direito fundamental ao desenvolvimento sustentável?

O desenvolvimento, enquanto direito fundamental da pessoa humana, foi consagrado pela primeira vez em um documento normativo internacional pela Carta Africana de Direito Humanos e dos Povos, aprovada pela Conferência Ministerial da Organização da Unidade Africana (OUA) em Banjul, Gâmbia, em janeiro de 1981, e adotada pela XVIII Assembleia dos Chefes de Estado e Governo da Organização da Unidade Africana (OUA) em Nairóbi, Quênia, em 27 de julho de 1981. Segundo a referida Carta de Direitos Humanos:

> Artigo 22º
> 1. Todos os povos têm direito ao seu desenvolvimento econômico, social e cultural, no estrito respeito da sua liberdade e da sua identidade, e ao gozo igual do patrimônio comum da humanidade.
> 2. Os Estados têm o dever, separadamente ou em cooperação, de assegurar o exercício do direito ao desenvolvimento.

Posteriormente, a Organização das Nações Unidas (ONU), através da Declaração sobre o Direito ao Desenvolvimento, adotada, em 1986, pela Resolução nº 41/128 da Assembleia-Geral, proclamou que o direito ao desenvolvimento é um direito humano inalienável, em virtude do qual toda pessoa e todos os povos estão habilitados a participar do seu âmbito econômico, social, cultural e político, para ele contribuir e dele desfrutar. Nele todos os direitos humanos e liberdades fundamentais podem ser plenamente realizados, ressaltando, inclusive, que a pessoa humana é o sujeito central do desenvolvimento.

A Declaração sobre o Direito ao Desenvolvimento ainda define o desenvolvimento como um amplo processo econômico, social, cultural e político, que objetiva a melhoria constante do bem-estar de toda uma população e de todos os indivíduos com base em sua participação ativa, livre e significativa no desenvolvimento.

Em 1993, a Declaração e Programa de Ação de Viena das Nações Unidas, adotada pela Resolução nº 157/23, reafirmou o direito ao desenvolvimento como um direito universal, fundamental e inalienável do homem, na qual a pessoa humana é o sujeito central do desenvolvimento.

Esse direito está amplamente consagrado no âmbito internacional, em especial no sistema global de direitos humanos. No que toca ao plano interno brasileiro, o art. 3º, inciso II, da Constituição Federal, estabelece que é objetivo precípuo da República Federativa do Brasil garantir o desenvolvimento nacional, mas, por outro lado, em seu art. 225, inspirando-se nos documentos internacionais de proteção ao meio ambiente, em especial a Declaração de Estocolmo de 1972, assegura o direito ao meio ambiente ecologicamente equilibrado, o qual está diretamente fulcrado no princípio da dignidade da pessoa humana porque essencial à sadia qualidade de vida e à própria existência humana.

Desse modo, não há que se falar em dignidade humana se não houver condições bióticas e abióticas favoráveis ao bem-estar, à saúde e à vida humana, isto é, que proporcionem ao homem uma sadia qualidade de vida.

Nesse diapasão, em homenagem aos princípios da unidade da Constituição e da concordância prática das normas constitucionais, chega-se à conclusão que o legislador constituinte fez clara escolha pelo desenvolvimento sustentável porque não se pode promover o desenvolvimento desvinculado da dignidade humana e da proteção ao meio ambiente.

O jurista Juarez Freitas leciona que o princípio do desenvolvimento sustentável ou da sustentabilidade é um princípio constitucional implícito, incorporado ao ordenamento jurídico brasileiro por meio do art. 5º, §2º, da Constituição Federal, com aplicabilidade direta e imediata, com vistas a compelir um desenvolvimento econômico compatível com a dignidade da pessoa humana, os direitos sociais e o meio ambiente.[51]

O próprio Supremo Tribunal Federal reconheceu expressamente a existência na ordem jurídica brasileira do princípio constitucional do desenvolvimento sustentável. A propósito:

> O princípio do desenvolvimento sustentável, além de impregnado de caráter eminentemente constitucional, encontra suporte legitimador em compromissos internacionais assumidos pelo Estado brasileiro e representa fator de obtenção do justo equilíbrio entre as exigências da economia e as da ecologia, subordinada, no entanto, à invocação desse postulado, quando ocorrente situação de conflito entre valores constitucionais relevantes, a uma condição inafastável, cuja observância não comprometa nem esvazie o conteúdo essencial de um dos mais significativos direitos fundamentais: o direito à preservação do meio ambiente, que traduz bem de uso comum da generalidade das pessoas, a ser resguardado em favor das presentes e futuras gerações.[52]

Por essas razões, conclui-se que o ordenamento jurídico brasileiro consagra o desenvolvimento sustentável, de modo que o Estado e os administrados são constitucionalmente obrigados a empreender comportamentos que realizem os pilares econômico, social e ambiental do desenvolvimento sustentável, o que pressupõe a existência de um Estado Socioambiental de Direito.

1.3 Estado Socioambiental de Direito

Os seres humanos vivem, desde a sua remota origem, em sociedade. As sociedades políticas são agrupamentos humanos de fins gerais, isto é, tem o objetivo de proporcionar as condições necessárias para que as pessoas possam alcançar suas finalidades particulares, ocupando-se das totalidades das ações humanas, donde o Estado é a sociedade política de maior importância.[53]

A queda do Antigo Regime, proporcionada pelos movimentos liberais do século XVIII, em especial a Independência Americana e a Revolução Francesa, ensejou o surgimento do Estado de Direito, marcado pela limitação do poder soberano do governante, mediante

---

[51] FREITAS. *Sustentabilidade*: direito ao futuro, p. 51.

[52] STF – Tribunal Pleno, ADI nº 3.540 – MC, Rel. Min. Celso de Mello, *DJU* 02 jun. 2006.

[53] DALLARI. *Elementos de teoria geral do Estado*, p. 48-49.

a consagração da separação dos Poderes e pela afirmação dos direitos fundamentais da pessoa humana em uma Constituição escrita. "O Estado não mais pode, pois, viver à margem do Direito",[54] devendo se submeter ao seu próprio Direito, isto é, à Constituição e às leis. Daí se falar também em Estado Constitucional de Direito.

O processo de constitucionalização da Europa do século XIX permitiu identificar que a finalidade precípua do Estado, enquanto sociedade política, é promover, em linhas gerais, o bem comum do povo, cujos meios e fins específicos para se alcançar o almejado bem comum estão delineados na Constituição e nas leis.

Inicialmente, o Estado Constitucional de Direito era marcadamente liberal porque baseado no predomínio da autonomia da vontade na esfera econômica, donde a liberdade individual, inclusive a autonomia contratual, não se submetia à vontade do Estado. Ademais, não se preocupava com o bem-estar geral da população. Seu papel consistia basicamente em garantir a ordem pública interna e a segurança externa, removendo, assim, obstáculos que impedissem as pessoas de realizar livremente seus fins particulares.

Contudo, o processo de desenvolvimento industrial provocou o aparecimento de graves problemas sociais e econômicos na Europa do século XIX, razão pela qual eclodem diversos movimentos reivindicatórios de direitos trabalhistas e sociais. E mais, no início do século XX, a 1ª Guerra Mundial provocou uma enorme crise econômica e social na Europa, aumentando as reivindicações por direitos sociais. E é a partir destes fatos históricos que surgem, na Constituição do México de 1917 e na Constituição Weimar de 1919, os direitos sociais, econômicos e culturais da pessoa humana, alçando o Estado à condição de promotor do bem-estar da população e de agente de realização. É o surgimento do Estado Social de Direito.

O processo de desenvolvimento econômico-industrial, o avanço tecnológico e o consumismo desenvolvido ao longo do século XX, sobretudo após a Segunda Guerra Mundial, intensificaram extraordinariamente os impactos negativos da interferência do ser humano na natureza. Esse processo trouxe a necessidade de conciliar o desenvolvimento econômico e social com a preservação e a proteção do meio ambiente, o que somente será possível com o "esverdeamento" do Estado e do Direito para a efetiva promoção e proteção do meio ambiente, agregando-se à face social do Estado a questão ecológica.

---

[54] MIRANDA. *Teoria do Estado e da Constituição*, p. 114.

A crise ambiental e a sociedade de risco fizeram surgir, destarte, a necessidade de uma proteção jurídica efetiva do meio ambiente e, a partir de tal constatação, iniciou-se, a partir dos anos 1970, um processo de ecologização constitucional, na medida em que os sistemas constitucionais começaram a tutelar expressamente a natureza.[55]

O Estado, diante dos atuais riscos e perigos socioambientais, remodelou-se com o objetivo de enfrentar como tarefa estatal as novas ameaças e riscos da modernidade[56] e, nesse contexto, passou a tutelar obrigatoriamente o meio ambiente como elemento essencial à própria existência da humanidade.[57] É o surgimento do Estado Socioambiental de Direito.

Ele representa um estágio avançado do modelo de Estado moderno, iniciado sob a égide do Estado Liberal, que incorpora a proteção da natureza como objetivo e tarefa estatal.[58] Na verdade, agrega-se a proteção do meio ambiente às funções, tarefas e fins do Estado Social, sem se despreocupar com o desenvolvimento econômico.

Além da consagração dos direitos econômicos, sociais e culturais, a Constituição Federal de 1988 abraçou a preservação da natureza como fim e medida das decisões do Estado, alçando o direito a meio ambiente ecologicamente equilibrado à condição de direito fundamental da pessoa humana, razão pela qual o Poder Público deverá levar em conta a proteção constitucional do meio ambiente em sua atuação administrativa, legislativa e jurisdicional. Daí falar-se num Estado Socioambiental de Direito brasileiro. Ele está assentado em princípios estruturantes, consagrados, expressa e implicitamente, na Constituição Federal de 1988, dentre os quais se destacam os princípios da prevenção, precaução, da participação popular e do poluidor-pagador.[59]

1.3.1 Princípio da participação popular

A República Federal do Brasil se constitui em Estado Democrático de Direito porque todo poder emana do povo, que o exerce por meio de seus representantes eleitos ou diretamente, nos termos da Constituição Federal. A opção do legislador constituinte foi adotar primeiramente a

---

[55] BENJAMIN. *Direito constitucional ambiental brasileiro*, p. 86.
[56] SARLET; FENSTERSEIFER. *Estado socioambiental e direitos fundamentais*, p. 18.
[57] LEITE; BELCHIOR. *Revista de Direito Ambiental*, p. 80.
[58] SARLET; FENSTERSEIFER. *Estado socioambiental e direitos fundamentais*, p. 18.
[59] LEITE. *Direito constitucional ambiental brasileiro*, p. 182.

chamada democracia indireta ou representativa, ante a impossibilidade real e prática da adoção da democracia direta em sua plenitude porque é inviável a convocação de constantes pronunciamentos diretos do povo sobre todos os aspectos da vida político-institucional do Estado.

Na democracia representativa, o povo participa do processo de formação das decisões políticas do Estado indiretamente, isto é, através de seus representantes eleitos para, em seu nome, tomar decisões e externar a vontade popular, como se o povo estivesse realmente governando.

A Constituição Federal adotou, porém, institutos de participação direta do povo na vida política do Estado, tais como o referendo, o plebiscito, a iniciativa popular e a ação popular, característicos da democracia direta, mas que não permitem a ampla e plural discussão popular sobre todas as questões controversas no seio da sociedade. Nesse diapasão, a Carta Magna também permite a abertura de espaços públicos, onde os indivíduos possam, no pleno exercício da cidadania, conjuntamente e em igualdade, dialogar e discutir entre si, participando e influenciando diretamente na tomada de decisões políticas e jurídicas do Estado, inclusive as relacionadas à questão ambiental.

Hannah Arendt explica a distinção entre espaço público e espaço privado a partir do conceito de *vita activa*, que é utilizada para designar as três atividades humanas fundamentais: trabalho, obra e ação. Segundo a referida filósofa, o trabalho e a obra se situam no espaço privado porque aquele é a atividade desenvolvida pelo homem para satisfazer as necessidades vitais e biológicas humanas, enquanto que a obra é a atividade de transformação da natureza pelo homem, proporcionando a criação de um mundo não natural, a fabricação de bens artificiais.[60]

Já "a ação, única atividade que ocorre diretamente entre os homens, sem a mediação das coisas ou da matéria, corresponde à condição humana da pluralidade, ao fato de que os homens, e não o Homem, vivem na Terra e habitam o mundo".[61] Desse modo, a ação, enquanto condição humana, desenvolve-se em espaços públicos especificamente destinados ao exercício da cidadania através da discussão política sobre questões de interesse da sociedade, inclusive de natureza ambiental.

O princípio da participação popular é consagrado pelo art. 225, *caput*, da Constituição da República, ao ressaltar que incumbe ao Poder Público e à coletividade o dever de defender e preservar o

---

[60] ARENDT. *A condição humana*, p. 8.
[61] ARENDT. *A condição humana*, p. 8.

meio ambiente ecologicamente equilibrado para as presentes e futuras gerações, de modo que a resolução dos problemas ambientais deve ocorrer em cooperação entre o Estado e a sociedade.

Sendo assim, a plena realização dos fins do Estado Socioambiental de Direito depende da conscientização global da crise ecológica e da efetiva participação dos cidadãos numa ação conjunta com o Estado na preservação do meio ambiente, pressupondo, portanto, uma democracia ambiental.[62]

O Princípio 10 da Declaração do Rio sobre Meio Ambiente e Desenvolvimento (ECO-92) aduz que a melhor maneira de tratar as questões ambientais é assegurar a participação, no nível apropriado, de todos os cidadãos interessados e que os Estados devem facilitar e estimular a conscientização e a participação popular do processo de tomada de decisões.

José Rubens Morato Leite leciona que os cidadãos poderão participar das decisões em matéria ambiental via participação na criação do direito ambiental, na formulação e execução de políticas públicas ambientais e acesso ao Poder Judiciário. No primeiro caso, o cidadão poderá participar na construção do direito ambiental através da iniciativa popular ou por meio da presença de representantes da sociedade civil em órgãos colegiados dotados de poderes normativos, como o Conselho Nacional do Meio Ambiente (CONAMA). Na segunda hipótese, o povo poderá participar do processo de formulação, execução e avaliação de políticas públicas ambientais através de representantes da sociedade civil nos órgãos colegiados responsáveis pela implantação de políticas públicas, tais como os Conselhos Municipais e Estaduais do Meio Ambiente.[63] E, por fim, o exercício da cidadania ambiental poderá ser empreendido através da tutela judicial no meio ambiente, na esfera, portanto, do Poder Judiciário.[64]

A participação popular na seara ambiental poderá ocorrer ainda através das audiências públicas, na fase de aprovação de estudo prévio de impacto ambiental, no âmbito do controle concentrado de constitucionalidade exercido no Supremo Tribunal Federal e no âmbito do Ministério Público da União e dos Estados.

---

[62] LEITE. *Direito constitucional ambiental brasileiro*, p. 181.

[63] O Conselho Nacional do Meio Ambiente é um órgão colegiado cuja composição admite vinte e um representantes da sociedade civil, conforme art. 5º, inciso VIII, do Decreto nº 99.274/1990.

[64] LEITE. *Direito constitucional ambiental brasileiro*, p. 193-195.

1.3.2 Princípio da prevenção

O princípio da prevenção é um importante princípio informador do direito ambiental brasileiro porque o principal objetivo do regime jurídico de proteção ao meio ambiente é evitar danos, através da inibição de condutas que possam vir a degradar e a colocar em risco a natureza, uma vez que os danos ecológicos são, em regra, irreparáveis ou de difícil reparação, o que impossibilita, muitas das vezes, o respectivo retorno ao *status quo ante*. Por essa razão, a prevenção é o melhor caminho a ser adotado em se tratando de natureza.

A promoção e proteção do meio ambiente devem ser, no contexto da atual sociedade de risco, preponderantemente preventivas. Dessa forma, o princípio em questão visa impedir impactos negativos na natureza já conhecidos pela ciência, ou seja, o princípio da prevenção objetiva inibir os riscos concretos, visíveis e previsíveis pelo conhecimento humano.

A propósito, Paulo de Bessa Antunes ensina que "o princípio da prevenção aplica-se a impactos ambientais já conhecidos e dos quais se possa, com segurança, estabelecer um conjunto de nexos de causalidade que seja suficiente para a identificação dos impactos futuros mais prováveis".[65]

A prevenção implica, portanto, utilização de instrumentos jurídicos acautelatórios, especialmente antes da implantação e execução de atividades e empreendimentos efetiva ou potencialmente poluidores, objetivando impedir a ocorrência de danos visíveis e concretos ao meio ambiente.

1.3.3 Princípio da precaução

O desenvolvimento industrial e o tecnocientífico ensejaram, a partir da segunda metade do século XX, a transformação da sociedade industrial clássica em uma sociedade industrial de risco porque as atividades humanas produzem riscos à vida de plantas, animais e seres humanos, que já não são mais limitados social e geograficamente. Tais riscos são globalizantes, fazendo surgir ameaças globais e independente de classes.[66]

---

[65] ANTUNES. *Direito ambiental*, p. 48.

[66] BECK. *Sociedade de risco*: rumo a uma outra modernidade, p. 16.

Os riscos produzidos por essa sociedade, até a primeira metade do século XX, eram concretos e sensorialmente perceptíveis, enquanto os riscos da sociedade pós-moderna são globais, incertos e imprevisíveis, podendo levar à autodestruição do planeta. Nesse contexto, Ulrich Beck reconhece que os riscos podem ser concretos, isto é, visíveis e previsíveis pelo conhecimento humano, ou abstratos, invisíveis e imprevisíveis para a racionalidade humana.[67]

Desse modo, os riscos concretos são controlados pelo princípio da prevenção, ao passo que os riscos abstratos são amparados pelo princípio da precaução.[68]

Este último tem, da mesma forma que o primeiro, nítido caráter inibitório porque se destina a impedir danos abstratos, invisíveis e imprevisíveis à natureza, ou seja, a precaução tem por finalidade evitar impactos abstratos e desconhecidos ao meio ambiente.

O referido princípio surgiu no Direito alemão nos anos de 1970, mas foi internacionalmente consagrado na Declaração do Rio sobre Meio Ambiente e Desenvolvimento, firmada na Conferência das Nações Unidas sobre Meio Ambiente e Desenvolvimento, cujo Princípio 15 prevê a adoção da precaução na política de proteção ao meio ambiente. Veja-se:

> Princípio 15 - Com o fim de proteger o meio ambiente, o princípio da precaução deverá ser amplamente observado pelos Estados, de acordo com suas capacidades. Quando houver ameaça de danos graves ou irreversíveis, a ausência de certeza científica absoluta não será utilizada como razão para o adiamento de medidas economicamente viáveis para prevenir a degradação ambiental.

No Brasil, o princípio citado foi acolhido pelo art. 225, §1º, inciso IV e V, da Constituição da República, ao ressaltar que incumbe ao Poder Público controlar a produção, a comercialização e o emprego de técnicas, métodos e substâncias que comportem risco para a vida, a qualidade de vida e o meio ambiente e exigir, na forma da legislação infraconstitucional, estudo prévio de impacto ambiental para instalação de obra ou atividade potencialmente causadora de significativa degradação ambiental.

Igualmente, é possível identificar seu acolhimento na Convenção sobre a Mudança do Clima, incorporado ao direito interno brasileiro

---

[67] BECK. *Sociedade de risco*: rumo a uma outra modernidade, p. 27.

[68] LEITE. *Dano ambiental na sociedade de risco*, p. 16.

por meio do Decreto Legislativo nº 01/94, e da Lei de Biossegurança (Lei nº 11.105/2005).

E mais, incorrerá em crime ambiental tipificado no art. 54, §3º, da Lei nº 9.605/98, aquele que deixar de adotar, quando assim o exigir a autoridade competente, medidas de precaução em caso de risco de dano ambiental grave ou irreversível. Enfim, o ordenamento jurídico brasileiro abraça o princípio da precaução.

A precaução impõe que, se houver incerteza científica quanto aos riscos ambientais inerentes a uma determinada atividade, devem-se adotar as medidas necessárias para evitar a eventual ocorrência de dano ecológico. Nesse toar, a aplicação do princípio da precaução exige que a dúvida seja técnica e científica, não se confundindo com opiniões leigas, isto é, desprovidas de bases científicas ou com situações puramente hipotéticas e elucubrativas.

A propósito, Paulo Affonso Leme Machado sustenta:

> Há certeza científica ou há incerteza científica do risco ambiental? Há ou não unanimidade no posicionamento dos especialistas? Devem, portanto, ser inventariadas as opiniões nacionais e estrangeiras sobre a matéria. Chegou-se a uma posição de certeza de que não há perigo ambiental? A existência de certeza necessita ser demonstrada, porque vai afastar uma fase de avaliação superior. Em caso de dano ambiental, este deve ser prevenido como preconiza o princípio da prevenção. Em caso de dúvida ou incerteza, também se deve agir prevenindo. Esta é a inovação do princípio da precaução. A dúvida científica, expressa com argumentos razoáveis, não dispensa a prevenção.[69]

Sendo assim, sempre que houver a possibilidade de dano irreparável ou de difícil reparação ao meio ambiente, a ausência de certeza científica não deve ser motivo para postergar a adoção de medidas acautelatórias eficazes a fim de evitar ou minimizar os danos ecológicos, prevalecendo-se nesse caso a máxima do *in dubio pro natura*, ou seja, "na dúvida, opta-se pela solução que proteja imediatamente o ser humano e conserve o meio ambiente".[70]

Anote-se, por fim, que outra consequência direta da adoção do princípio da precaução é a aplicação do instituto processual da inversão do ônus da prova nas atividades em que há incerteza de riscos ao meio

---

[69] MACHADO. *Direito ambiental brasileiro*, p. 108.
[70] MACHADO. *Direito ambiental brasileiro*, p. 111.

1.3.4 Princípio do poluidor-pagador

O empreendedor produz, durante o processo produtivo, externalidades negativas ao meio ambiente, que são recebidas pela coletividade, ao contrário do lucro, que é percebido unicamente pelo produtor. O ônus é suportado pela sociedade, ao passo que o bônus é auferido unicamente pelo empreendedor, de modo que o princípio do poluidor-pagador visa corrigir este custo adicional à sociedade, impondo-se a internalização dos custos ambientais externos inerentes ao processo produtivo, isto é, os empreendedores devem incluí-los nos custos da produção.

O escopo precípuo deste princípio é evitar a degradação ambiental, uma vez que compele o produtor a integrar no processo produtivo o valor econômico dos custos ambientais suportados pela coletividade. Impõe-se ao empreendedor, através do retro mencionado princípio, a obrigação de suportar com os custos inerentes às cautelas ambientais, ou seja, com os "custos relativos às medidas preventivas e precaucionais destinadas a evitar a produção do resultado proibido ou não pretendido".[72]

O princípio do poluidor-pagador é eminentemente preventivo porque alberga os custos da prevenção e precaução, não tolera a poluição mediante o pagamento de um preço e nem se limita a compensar os danos ecológicos eventualmente causados; destina-se a evitar a degradação ambiental. Sendo assim, o investimento para impedir ou minimizar os danos ambientais deve ser suportado pelo produtor.

Nesse diapasão, o princípio do poluidor-pagador não se confunde com o princípio da responsabilidade ou da responsabilização. Este impõe o dever de reparação de danos ambientais já causados, enquanto o princípio do poluidor-pagador se destina a impedir a ocorrência de danos ecológicos, mediante a precaução, prevenção e redistribuição dos custos da poluição.

Na lição de Alexandra Aragão, o princípio do poluidor-pagador "é um princípio que actua sobre tudo a título de precaução e de prevenção, que actua, portanto, *antes* e independentemente dos danos

---

[71] MILARÉ. *Direito do ambiente*, p. 265.

[72] MARCHESAN; STEIGLEDER; CAPPELLI. *Direito ambiental*, p. 63.

ao meio ambiente terem ocorrido",[73] ao passo que o princípio da responsabilização atua *a posteriori*, impondo ao poluidor a obrigação de reparar os danos já ocasionados ao meio ambiente.

Nessa linha, o princípio do poluidor-pagador não isenta o produtor do dever de reparar os danos ambientais eventualmente causados ao meio ambiente pela sua atividade, mesmo que o empreendimento esteja licenciado e tenham sido adotadas todas as medidas preventivas e precaucionais necessárias a evitar a degradação ecológica.

O Princípio 16 da Declaração do Rio sobre Meio Ambiente e Desenvolvimento acolheu o princípio do poluidor-pagador ao aduzir que:

> As autoridades nacionais devem procurar promover a internacionalização dos custos ambientais e o uso de instrumentos econômicos, tendo em vista a abordagem segundo a qual o poluidor deve, em princípio, arcar com o custo da poluição, com a devida atenção ao interesse público e sem provocar distorções no comércio e nos investimentos internacionais.

No Brasil, o princípio do poluidor pagador está positivado, exemplificativamente, no art. 4º, inciso VII, da Lei da Política Nacional do Meio Ambiente (Lei nº 6.938/81), no art. 6º, inciso II, da Lei da Política Nacional de Resíduos Sólidos (Lei nº 12.305/2010) e no Decreto nº 4.339/2002, o qual institui princípios e diretrizes de implementação da Política Nacional da Biodiversidade.

No que é pertinente ao princípio da responsabilização, cumpre observar que apesar da adoção de mecanismo de prevenção e precaução, ainda assim não são raras as agressões sofridas pelo meio ambiente, decorrentes de atividades humanas, com repercussões danosas ao direito ao meio ambiente sadio, à vida, à saúde e ao bem-estar da sociedade.

Nesse contexto, as condutas lesivas ao meio ambiente podem ensejar, concomitante e independente, a responsabilização civil, penal e administrativa do infrator, conforme se pode aferir do disposto no art. 225, §3º, da Constituição Federal:

> As condutas e atividades consideradas lesivas ao meio ambiente sujeitarão aos infratores, pessoas físicas ou jurídicas, a sanções penais e administrativas, independentemente da obrigação de reparar os danos causados.

---

[73] ARAGÃO. *Direito constitucional ambiental brasileiro*, p. 78.

O referido dispositivo constitucional recepcionou o art. 14, §1º, da Lei nº 6.938/81, que prescreve:

> Sem obstar a aplicação das penalidades previstas neste artigo, é o poluidor obrigado, independentemente da existência de culpa, a indenizar ou reparar os danos causados ao meio ambiente e a terceiros, afetados por sua atividade. O Ministério Público da União e dos Estados terá legitimidade para propor ação de responsabilidade civil e criminal, por danos causados ao meio ambiente.

Dos artigos acima mencionados, extrai-se que a responsabilidade civil para os causadores de danos ecológicos é objetiva e integral, que compreende a lesão material e extrapatrimonial, ficando afastadas as investigações e a discussão de dolo ou culpa do infrator.

1.4 Conceito de meio ambiente

O desenvolvimento sustentável tem por finalidade compatibilizar o desenvolvimento econômico e social com a proteção e preservação do meio ambiente. Entretanto, qual o significado de meio ambiente? O que se preservar, proteger e promover para as presentes e futuras gerações?

Em uma visão restrita, o meio ambiente nada mais é do que expressão do patrimônio natural, constituído pelo solo, ar, água, fauna e flora. Porém, o homem é, conforme já ressaltado alhures, inseparável da natureza. Ela não pode mais ser concebida sem o ser humano e vice-versa, uma vez que com a sociedade moderna, os "problemas ambientais não são problemas do meio ambiente, mas problemas completamente — na origem e no resultado — sociais, problemas do ser humano, de sua história, de suas condições de vida, de sua relação com o mundo e com a realidade [...] no final do século XX, vale dizer: natureza é sociedade, sociedade (também) é natureza".[74]

A união indissociável entre o homem e a natureza enseja a concepção do meio ambiente como um todo unitário, isto é, holístico, composto pelos elementos naturais, que existem independentemente da ação humana, e elementos culturais, isto é, frutos da intervenção humana.

---

[74] BECK. *Sociedade de risco*: rumo a uma outra modernidade, p. 99.

Outra não é a lição de Carlos Frederico Marés de Souza Filho:

> O meio ambiente é composto pela terra, a água, o ar, a flora e a fauna, as edificações, as obras de arte e os elementos subjetivos e evocativos, como a beleza da paisagem ou a lembrança do passado, inscrições, marcos ou sinais de fatos naturais ou da passagem de seres humanos.[75]

A cultura é o elemento identificador das sociedades humanas e engloba a língua, a culinária, o vestuário, as edificações, suas crenças e religiões, o saber, o saber fazer as coisas e o seu Direito. Contudo, a cultura não existe isolada, desconectada do meio ambiente natural, ao contrário, "é resultado da história e da geografia".[76]

O meio ambiente é elemento fundamental da civilização e da cultura dos povos, no sentido de que o meio ambiente natural é a garantia da sobrevivência física da humanidade e o meio ambiente cultural é a garantia de sobrevivência social dos povos porque produto e testemunho de sua vida,[77] de modo que "um povo sem cultura ou dela afastado, é como uma colmeia sem abelha rainha, um grupo sem norte, sem capacidade de escrever sua própria história e, portanto, sem condições de traçar o rumo de seu destino".[78]

Assim, o meio ambiente seria a "interação do conjunto de elementos naturais, artificiais e culturais que propiciem o desenvolvimento equilibrado da vida em todas as suas formas",[79] abarcando não só os elementos da biosfera, como o ar, a água, o solo, a fauna e a flora, mas também os bens culturais e o espaço urbano criado pelo ser humano.

Essa moderna visão de meio ambiente também é partilhada por Vladimir Passos de Freitas que enxerga o meio ambiente não apenas como natureza, mas também como as modificações que o homem nela vem introduzindo, bem como as obras de arte, imóveis históricos, museus, belas paisagens, enfim tudo o que possa contribuir para o bem-estar do homem.[80]

O conceito de meio ambiente envolve também o ambiente de trabalho, que é o local onde o ser humano exerce as suas atividades profissionais, aplicando-se as normas de proteção ao meio ambiente

---

[75] FILHO. *Bens culturais e sua proteção jurídica*, p. 15.
[76] FILHO. *Bens culturais e sua proteção jurídica*, p. 15-16.
[77] FILHO. *Bens culturais e sua proteção jurídica*, p. 16.
[78] FILHO. *Bens culturais e sua proteção jurídica*, p. 16.
[79] SILVA. *Direito ambiental constitucional*, p. 20.
[80] FREITAS. *A Constituição Federal e a efetividade das normas ambientais*, p. 93.

natural, no que couber, ao meio ambiente laboral, com o intuito de manter o equilíbrio, com base na salubridade do meio, para saúde física e mental do trabalhador.

Enfim, a noção de meio ambiente é ampla, não se resume ao seu aspecto natural, mas alcança o ambiente de trabalho, os bens de valor cultural e o espaço urbano construído pelo homem. A propósito, veja-se a lição de Marcos Paulo de Souza Miranda:

> Assim, podemos falar em:
> - Meio Ambiente Natural ou Físico – formado pelo solo, recursos hídricos, ar, fauna, flora e demais elementos naturais responsáveis pelo equilíbrio dinâmico entre os seres vivos e o meio em que vivem, sendo objeto do art. 225, caput, e §1º, da CF/88;
> - Meio Ambiente do Trabalho – integrado pelo conjunto de bens, instrumentos e meios, de natureza material e imaterial, em face dos quais o ser humano exerce suas atividades laborais, recebendo tutela imediata do art. 200, VIII, da CF/88;
> - Meio Ambiente Artificial – integrado pelo espaço urbano construído pelo homem, na forma de edificações (espaço urbano fechado) e equipamentos tais como praças, parques e ruas (espaço urbano aberto), recebendo tratamento não apenas no art. 225 mas ainda dos arts. 21, XX, e 182, todos da CF/88;
> - Meio Ambiente Cultural – integrado pelo patrimônio histórico, artístico, paisagístico, arqueológico, fossilífero, turístico, científico e pelas sínteses culturais que integram o universo das práticas sociais das relações de intercâmbio entre o homem e a natureza ao longo do tempo, recebendo proteção dos arts. 215, 216 e 225 da CF/88.[81]

O conceito holístico, unitário ou sistêmico de meio ambiente é acolhido pela jurisprudência do Supremo Tribunal Federal, como pode se depreender, a título exemplificativo, da seguinte decisão:

> [...] A incolumidade do meio ambiente não pode ser comprometida por interesses empresariais nem ficar dependente de motivações de índole meramente econômica, ainda mais se se tiver presente que a atividade econômica, considerada a disciplina constitucional que a rege, está subordinada, dentre outros princípios gerais, àquele que privilegia a "defesa do meio ambiente" (CF, art. 170, VI), que traduz conceito amplo e abrangente das noções de meio ambiente natural, de meio ambiente cultural, de meio ambiente artificial (espaço urbano) e de meio ambiente laboral.[82]

---

[81]   MIRANDA. *Tutela do patrimônio cultural brasileiro*, p. 15.

[82]   BRASIL, Supremo Tribunal Federal, ADI nº 3.540 MC/DF, Rel. Min. Celso de Melo, *DJU* 03 fev. 2006.

O conceito de meio ambiente é amplo e alcança, em resumo, a natureza, o meio ambiente de trabalho, os bens, materiais e imateriais, de valor histórico (meio ambiente cultural) e o espaço urbano construído pelo homem (meio ambiente artificial), isto porque o "ambiente engloba a vida humana e de todos os seres vivos, engloba o meio em que a vida acontece e engloba a história da vida".[83]

A concepção holística ou unitária de meio de ambiente, na qual estão inseridas as dimensões relativas ao meio ambiente natural, ao meio ambiente artificial, ao meio ambiente cultural e ao meio ambiente do trabalho, é adotada pelo Direito brasileiro.

Com efeito, a Lei da Política Nacional do Meio Ambiente (Lei nº 6.938/81) define, de forma ampla, em seu art. 3º, inciso I, que meio ambiente é "o conjunto de condições, leis, influências e interações de ordem física, química e biológica, que permite, abriga e rege a vida em todas as suas formas". Aliás, Paulo Affonso Leme Machado é claro ao ressaltar que "a definição federal é ampla, pois vai atingir tudo aquilo que permite a vida, que a abriga e rege".[84]

Do mesmo modo, pode-se verificar que o legislador brasileiro também adotou a concepção holística da natureza com a edição da Lei nº 9.605/98, chamada lei de crimes ambientais, ao elencar no Capítulo V, dentre os crimes contra o meio ambiente natural, os crimes contra o patrimônio cultural.

A concepção unitária de meio ambiente permite pensar num direito socioambiental porque os sistemas constitucional e legal de proteção ao meio ambiente natural passam a ser aplicados e estendidos, no que couber, à tutela do patrimônio cultural e do meio ambiente artificial, aplicando-se as regras e princípios inerentes ao direito ambiental natural à tutela do patrimônio cultural e ao urbanismo.

O direito socioambiental decorre da concepção holística ou unitária de meio ambiente, razão pela qual todo o aparato jurídico reservado à defesa do meio ambiente natural deve ser aplicado à promoção e proteção do patrimônio cultural e do meio ambiente artificial.

---

[83] MEDEIROS. *Direitos dos animais*, p. 33.
[84] MACHADO. *Direito ambiental brasileiro*, p. 63.

CAPÍTULO 2

DIREITO HUMANO AO MEIO AMBIENTE SADIO

A preocupação mundial com a questão ambiental nos últimos anos tem proporcionado o reconhecimento crescente, nas ordens jurídicas nacional e internacional, de um direito humano específico a um meio ambiente sadio.

2.1 Conceito de direitos humanos

Há uma multiplicidade de termos semanticamente diversos que são comumente utilizados para se referir a direitos criados com o objetivo de proteger e promover a dignidade da pessoa humana, tais como "direitos do homem", "direitos humanos", "direitos fundamentais", "direitos individuais", "direitos naturais" ou "liberdades públicas", o que gera confusão e incerteza quanto ao conteúdo, razão pela qual se faz mister a delimitação de seu alcance e sentido.

A emergência dos direitos destinados à proteção da dignidade humana, notadamente após a Segunda Guerra Mundial, proporcionou a disseminação do uso das aludidas expressões como critério inspirador dos indivíduos e entidades da sociedade civil para a reivindicação de direitos, gerando, com isso, heterogeneidade e falta de consenso sobre o significado e conteúdo dos direitos humanos. A esse despeito, Gregório Peces-Barba Martínez leciona:

> [...] un término emotivo que suscita sentimientos entre sus destinatarios y respecto del cual la tentación de manipulación es permanente. Como otras palabras, democracia, libertad, facismo, comunismo, por indicar algunas de las más importantes, está en el núcleo de lucha política, y la acción puede contribuir también a alejar las preocupaciones teóricas y la indagación de su sentido, urgida por perentorias exigencias. As veces se puede tener la sensación de que muchos activistas de los derechos humanos no saben muy bien lo que quieren decidir al usar esa palabra o la usan entre sí con diferentes sentidos, con acentos incluso contradictorios en contenidos parciales. La irrupción de los medios de masas, prensa, radio y televisión, de la comunicación con trasmisión de menjases de hecho y opinión, y con un alcance universal ha potenciado también esta dialéctica confusión.[85]

A expressão "direitos do homem" tem matriz jusnaturalista, na medida em que se refere a direitos inerentes ao ser humano, independentemente de reconhecimento e proteção do direito positivo. Aliás, Ingo Wolfgang Sarlet sustenta que:

> A utilização da expressão "direitos do homem", de conotação marcadamente jusnaturalista, prende-se ao de que se torna necessária a demarcação precisa entre a fase que, inobstante sua relevância para a concepção contemporânea dos direitos fundamentais e humanos, precedeu o reconhecimento destes pelo direito positivo interno e internacional e que, por isso, também pode ser denominada de uma "pré-história" dos direitos fundamentais.[86]

Os "direitos do homem" se referem a direitos naturais, isto é, inerentes à condição humana, que foram, posteriormente, reconhecidos e positivados na esfera do direito constitucional de determinado Estado ou em tratados ou convenções internacionais. São direitos, portanto, anteriores ao Estado e ao Direito positivo,[87] que contêm a gênese histórica dos direitos fundamentais e dos direitos humanos.

Nessa linha, o termo "direitos do homem" foi inicialmente materializado na Declaração dos Direitos do Homem e do Cidadão de 1789.

---

[85] MARTÍNEZ. *Curso de derechos fundamentales*: teoria general, p. 19.

[86] SARLET. *A eficácia dos direitos fundamentais*, p. 36.

[87] MARTÍNEZ. *Curso de derechos fundamentales*: teoria general, p. 23.

A Declaração Francesa se refere a "direitos do homem" e a "direitos do cidadão", sendo que os "direitos do homem" pertencem ao homem enquanto ser humano e os "direitos do cidadão" pertencem ao homem enquanto ser social, ou seja, como indivíduo vivendo em sociedade.[88]

Os "direitos fundamentais" e os "direitos humanos" visam resguardar a primazia da dignidade da pessoa humana e os seus conteúdos estão, sobretudo com a emergência do Direito Internacional dos Direitos Humanos, num processo crescente de aproximação e harmonização, de modo que parte da doutrina acaba por confundi-los. De fato, Antonio-Enrique Pérez Luño define direitos humanos como "un conjunto de facultades y instituciones que, en cada momento histórico, concretan las exigencias de la dignidad, la libertad y la igualdad humanas, las cuales deben ser reconocidas positivamente por los ordenamientos jurídicos a nivel nacional e internacional".[89]

Contudo, os termos "direitos humanos" e "direitos fundamentais" não são conceitos sinônimos. Eles têm conteúdos e significados distintos e o "critério mais adequado para determinar a diferenciação entre ambas as categorias é o da concreção positiva",[90] de tal sorte que a expressão "direitos fundamentais" se refere àqueles direitos do ser humano consagrados e positivados na Constituição de determinado Estado, ou seja, no plano interno, enquanto os "direitos humanos" são reconhecidos e positivados em tratados e convenções internacionais.[91] Vale dizer: a fonte dos direitos fundamentais é de natureza constitucional e a fonte dos direitos humanos é de natureza internacional.

Nessa linha, José Joaquim Gomes Canotilho leciona que os "direitos fundamentais" são direitos jurídico-positivamente vigentes numa ordem constitucional, cujo local exato desta positivação jurídica é a Constituição.[92] Do mesmo modo, é o entendimento expressado por Ingo Wolfgang Sarlet:

> Em que pese sejam ambos os termos ("direitos humanos" e "direitos fundamentais") comumente utilizados como sinônimos, a explicação corriqueira e, diga-se de passagem, procedente para a distinção é que o termo "direitos fundamentais" se aplica para aqueles direitos do ser

---

[88] BRAUD. *La notion de liberté publique en droit public français*, p. 8, *apud* CANOTILHO. *Direito constitucional e teoria da constituição*, p. 394.

[89] LUÑO. *Los derechos fundamentales*, p. 42.

[90] SARLET. *A eficácia dos direitos fundamentais*, p. 38.

[91] CAMARGO. *Direito constitucional*, p. 352.

[92] CANOTILHO. *Direito constitucional e teoria da Constituição*, p. 377.

humano conhecidos e positivados na esfera do direito constitucional positivo de determinado Estado, ao passo que a expressão "direitos humanos" guardaria relação com os documentos de direito internacional, por referir-se àquelas posições jurídicas que se reconhecem ao ser humano como tal, independentemente de sua vinculação com determinada ordem constitucional, e que, portanto, aspiram à validade universal, para todos os povos e tempos, de tal sorte que revelam um inequívoco caráter supranacional (internacional).[93]

A Constituição Federal de 1988, em seu Título II, adota a expressão "direitos fundamentais" para se referir aos direitos nela positivados, reservando o termo "direitos humanos" para se referir, nos art. 4º, inciso II, art. 5º, §3º, e art. 109, §5º, aos consagrados em tratados e convenções internacionais.

Por fim, cumpre ressaltar que o uso da expressão "liberdades públicas" para identificar direitos humanos ou direitos fundamentais é incorreto porque denota a ideia de que os tais são calcados unicamente no valor liberdade, quando em verdade há direitos humanos e direitos fundamentais fundados nos valores igualdade e solidariedade, englobando, assim, os direitos sociais, econômicos e culturais e o direito ao meio ambiente ecologicamente equilibrado. Nessa linha, é a lição de Antonio-Enrique Pérez Luño:

> [...] mientras las libertades públicas se refieren a los derechos tradicionales de signo individual y tienen como finalidade prioritaria el garantizar las esferas de autonomía subjetiva, los derechos fundamentales, como anteriormente se há indicado, tienen un significado más amplio y comprenden, junto a las libertades tradicionales, los nuevos derechos de carácter económico, social y cultural.[94]

De fato, com o primeiro processo de constitucionalização da Europa a partir do final do século XVIII, os "direitos do homem" passaram a ser consagrados em documentos normativos escritos e visavam, em linhas gerais, assegurar a liberdade individual e a propriedade privada dos indivíduos.

Porém, com o passar dos anos os direitos foram sendo ampliados para também englobarem direitos calcados no valor igualdade, que exigem a atuação positiva do Estado para a sua eficácia, não se

---

[93] SARLET. *A eficácia dos direitos fundamentais*, p. 35-36.
[94] LUÑO. *Los derechos fundamentales*, p. 47.

constituindo, portanto, em liberdade em sentido estrito, de modo que nem todos os "diretos do homem" positivados numa Constituição ou documento internacional podem fundamentar uma "liberdade pública".[95]

2.2 Características dos direitos humanos

A concepção contemporânea de direitos humanos foi introduzida no cenário jurídico internacional a partir da Declaração Universal de Direitos Humanos de 1948 e reiterada na Declaração e Programa de Ação de Viena de 1993, sendo fruto do movimento de internacionalização dos direitos humanos, ocorrido após a Segunda Guerra Mundial, como resposta às graves violações de direitos humanos perpetradas pelo nazismo, marcado pela lógica da destruição e da descartabilidade da pessoa humana.[96]

O fim da Segunda Guerra Mundial marcou a emergência do processo de valorização da dignidade da pessoa humana e, por via de consequência, a reconstrução dos direitos humanos, como paradigma e referencial ético a orientar a ordem internacional,[97] influenciando, dessa forma, a reconstitucionalização da Europa, marcada decisivamente pela Lei Fundamental de Bonn (Constituição Alemã) de 1949, e a internacionalização dos direitos humanos.

O neoconstitucionalismo e a internacionalização dos direitos humanos foram bastante influenciados pelo pós-positivismo, pensamento jurídico que veio empurrar para a margem da história do Direito a concepção jurídica vigente na primeira metade do século XX, qual seja, o positivismo, que se fundava na ideia da observância "cega" da lei, afastando da argumentação jurídica a filosofia, os princípios, os valores e o sentido de Justiça.

A decadência do positivismo está associada à queda do fascismo, na Itália, e do nazismo, na Alemanha, que retiravam da "lei" o fundamento de validade das atrocidades praticadas contra negros, ciganos, homossexuais e, notadamente, judeus. Enfim, ao final da Segunda Guerra Mundial, há uma reaproximação entre o Direito e a ética e entre o Direito e a filosofia.

---

[95] GUERRA. *Direito humanos*: curso elementar, p. 37.

[96] PIOVESAN. *Direitos humanos e justiça internacional*: um estudo comparativo dos sistemas regionais europeu, interamericano e africano, p. 36.

[97] PIOVESAN. *Direitos humanos e justiça internacional*: um estudo comparativo dos sistemas regionais europeu, interamericano e africano, p. 37.

O pós-positivismo exige uma leitura social, humana e moral do Direito, isto é, vai-se além da estrita legalidade, mas não se descuida do direito posto. Reconhece-se a normatividade dos princípios e promove-se a reconstrução da teoria dos direitos humanos e fundamentais fulcrada na dignidade da pessoa humana.

Nesse contexto, ao longo da segunda metade do século XX, vê-se o surgimento de um sistema internacional de proteção dos direitos humanos, integrado, especialmente, pelos diversos tratados de direitos humanos e pelos sistemas global e regionais de proteção dos direitos humanos, vocacionados a promover e proteger a dignidade da pessoa humana e a limitar a soberania dos Estados.

Enfim, a chamada concepção contemporânea dos direitos humanos e a emergência do Direito Internacional dos Direitos Humanos permitem a identificação de determinadas características dos direitos humanos, notadamente a universalidade e a indivisibilidade.

2.2.1 Universalidade

O surgimento do Direito Internacional dos Direitos Humanos promove o debate em torno do alcance das normas de direitos humanos. Os direitos humanos são universais, isto é, têm um sentido universal e idêntico a todos ou são culturalmente relativos?

Os universalistas apregoam que "os direitos humanos decorrem da dignidade humana, na qualidade de valor intrínseco à condição humana",[98] que independe de posição social ou cultural. A condição humana é o único requisito para a titularidade de direitos humanos. Já os relativistas afirmam que o mundo é multicultural e cada cultura tem a sua visão de mundo, de direitos humanos e, enfim, tem a sua própria noção de dignidade, "bem viver" e felicidade.

Os universalistas defendem a ideia de que os direitos humanos decorrem da dignidade humana, valor inerente à própria condição humana. Nesse contexto, são universais porque protegem o ser humano propriamente dito, o *homo sapiens*, ou seja, aquele que sofre a violência, que sente a dor, não podendo, portanto, atribuir direitos por meio de imagens culturalmente coloridas do homem. O único ser humano relevante para os direitos humanos é o ser humano finito, mortal, vulnerável e capaz de sofrer, que é destituído de qualquer ideologia ou cultura (o

---

[98] PIOVESAN. *Direitos humanos e justiça internacional*: um estudo comparativo dos sistemas regionais europeu, interamericano e africano, p. 44.

homo sapiens). Desse modo, os diretos humanos, independentemente do contexto cultural, não permitem a violência, a morte e a dor de pessoas.[99]

A universalidade é apregoada como uma das características básicas da concepção contemporânea de direitos humanos, marcada também pela ideia de indivisibilidade. Essa concepção foi introduzida a partir da Declaração Universal de Direitos Humanos de 1948 e reiterada na Declaração e Programa de Ação de Viena de 1993 e é fruto do movimento de internacionalização dos direitos humanos, surgido após a Segunda Guerra Mundial, como resposta às graves violações de direitos humanos perpetrados pelo nazismo.

Os direitos humanos são, a partir da Declaração Universal dos Direitos Humanos de 1948, universais, no sentido de que pertencem a todos os seres humanos, não importando, por exemplo, a sua cultura, religião, cor, raça ou preferência sexual, sendo a condição humana o único requisito para a titularidade deles.

A universalidade é expressamente afirmada na Declaração Universal dos Direitos Humanos de 1948, ao reconhecer, em seu preâmbulo, que a dignidade é inerente a todos os membros da família humana e, no artigo primeiro, que todas as pessoas nascem livres e iguais em dignidade e direitos.

Por sua vez, a característica da universalidade foi reafirmada na Declaração e Programa de Ação de Viena de 1993, que em seu artigo primeiro aduz de forma clara e inequívoca que os direitos humanos são direitos naturais de todos os seres humanos e que a natureza universal de tais direitos está fora de questão, isto é, não admite dúvidas. Ademais, a Declaração de Viena também afirma, no artigo quinto, que todos os direitos humanos são universais, indivisíveis, interdependentes e inter-relacionados. Nela se ressalta, ainda, que embora as particularidades nacionais e regionais devam ser levadas em consideração, assim como diversos contextos históricos, culturais e religiosos, é dever dos Estados promover e proteger todos os direitos humanos e liberdades fundamentais, sejam quais forem seus sistemas políticos, econômicos e culturais, de forma que "as peculiaridades locais ou ocasionais não poderiam justificar a violação ou amesquinhamento desses direitos".[100]

Contudo, o reconhecimento da universalidade dos direitos humanos é fortemente contestado em razão das peculiaridades culturais dos povos indígenas e dos países não ocidentais, como os asiáticos,

---

[99] KERSTING. *Universalismo e direitos humanos*, p. 93-94.
[100] RAMOS. *A teoria geral dos direitos humanos na ordem internacional*, p. 148.

africanos e islâmicos, o que mostra que um dos grandes desafios, no âmbito da teoria geral dos direitos humanos na atualidade, é concernente à sua compatibilização com a diversidade cultural evidenciada no mundo contemporâneo.[101]

A superação da dicotomia universalismo *vs.* relativismo cultural está no diálogo intercultural. De fato, "a abertura do diálogo entre culturas, com respeito à diversidade e com base no reconhecimento do outro, como ser pleno de dignidade e direitos, é condição para a celebração de uma cultura de direitos humanos, inspirada pela observância do mínimo ético irredutível"[102] e isso é possível porque os direitos humanos são, em linhas gerais, concretizações da dignidade da pessoa humana, cujo conteúdo e significado devem ser buscados a partir da perspectiva cultural e religiosa do valor da dignidade humana, cuja concepção ocidental não é a única legítima.

A propósito, Antônio Augusto Cançado Trindade leciona:

> O pluralismo cultural requer um tratamento diferenciado em favor das pessoas que integram minorias, para atender a suas necessidades de proteção, em particular a salvaguarda de sua identidade cultural (à luz do princípio da não-discriminação) e do princípio da igualdade perante a lei. Possivelmente os direitos culturais se revistam de uma simbiose do individual e grupal revelando uma dimensão a um tempo individual e coletiva. Os órgãos internacionais de supervisão de direitos humanos têm felizmente revelado, em nossos dias, suficiente maturidade para tomar em conta o conteúdo cultural de certas práticas, à luz daqueles direitos, de relevância à aplicação adequada das normas jurídicas pertinentes, com vistas à proteção eficaz dos mesmos direitos.[103]

As culturas têm preocupações básicas comuns acerca da dignidade humana, mas divergem quanto ao seu conteúdo e significado, que devem ser revelados a partir de cada cultura. Aliás, Boaventura de Sousa Santos ressalta que "todas as culturas têm versões diferentes de dignidade humana, algumas mais amplas do que outras, algumas com um círculo de reciprocidade mais largo do que outras, algumas mais abertas a outras culturas do que outras".[104]

---

[101] PIOVESAN. *Direitos humanos e justiça internacional*: um estudo comparativo dos sistemas regionais europeu, interamericano e africano, p. 44.

[102] PIOVESAN. *Direitos humanos e justiça internacional*: um estudo comparativo dos sistemas regionais europeu, interamericano e africano, p. 47.

[103] CANÇADO TRINDADE. *Tratado de direito internacional de direitos humanos*, v. 3, p. 319-320.

[104] SANTOS. *Revista Contexto Internacional*, p. 19.

Nesse contexto, o referido sociólogo português propõe uma concepção multicultural dos direitos humanos, a partir do diálogo intercultural sobre dignidade humana, baseado numa hermenêutica diatópica, com o objetivo precípuo de superar as incompletudes das culturas e, assim, promover uma visão de direitos humanos e de dignidade humana culturalmente harmônica, isto é, com marcas e características das diversas culturas para melhor proteger o ser humano, em especial os explorados, oprimidos ou excluídos da globalização hegemônica ocidental.[105]

E a construção de conteúdos e significados dos direitos humanos a partir do diálogo intercultural é possível através do processo de interpretação e aplicação das normas definidoras de direitos humanos. Com efeito, o texto normativo não se confunde com a norma. O texto é a literalidade abstrata de um dispositivo convencional, constitucional ou legal, ao passo que a norma é o sentido construído a partir da interpretação de um dispositivo normativo, daí porque os textos são o objeto da hermenêutica e as normas o seu resultado.[106] Os tratados internacionais de direitos humanos contêm uma grande quantidade de textos normativos com forte carga axiológica e marcadamente principiológicos, a partir dos quais podem ser construídas mais de uma norma.

A atividade hermenêutica não se caracteriza como um ato de revelação do significado previamente dado ao texto pelos Estados partes ou pelo legislador, mas um ato de construção de sentidos de um dispositivo normativo. A interpretação do texto normativo tem caráter constitutivo e não declaratório de seu significado, uma vez que o intérprete produz, a partir do dispositivo normativo, normas jurídicas, dando concreção ao Direito.[107]

A atividade do intérprete e do aplicador do Direito tem especial relevância, visto que não consiste em meramente descrever o sentido prévio dos dispositivos, mas construir a partir dos textos seus significados, adaptando-os, inclusive, às novas realidades sociais, econômicas, tecnológicas, culturais e ambientais da atualidade, pois "o intérprete não somente constrói, mas *reconstrói* sentido, tendo em vista a existência de significados incorporados e construídos ao uso linguístico na comunidade do discurso".[108]

---

[105] SANTOS. *Revista Contexto Internacional*, p. 28.

[106] ÁVILA. *Teoria dos princípios*: da definição à aplicação dos princípios jurídicos, p. 30.

[107] GRAU. *A ordem econômica na Constituição de 1988*, p. 157.

[108] ÁVILA. *Teoria dos princípios*: da definição à aplicação dos princípios jurídicos, p. 33.

Assim, é possível a construção de conteúdos e significados dos direitos humanos a partir do diálogo entre as diversas visões culturais e religiosas de dignidade da pessoa humana, desde que não se coajam as pessoas a se submeterem a determinados comportamentos apenas por se tratar de prática tradicional da comunidade.[109]

Nessa linha, o professor Carlos Frederico Marés de Souza Filho defende uma perspectiva de universalismo parcial, no sentido de que a universalidade imposta pelo Estado não alcança toda a população, mas somente aquela integrada, ainda que de forma relativa, à sociedade hegemônica e ao sistema. Com isso, os Estados devem reconhecer os valores de cada povo, em especial das comunidades tradicionais indígenas, através da liberdade de agir e viver segundo seus usos, costumes e suas próprias leis, reconhecendo o seu Direito e a sua jurisdição, pois cada povo tem a sua própria compreensão de direitos humanos e dignidade, conforme sua cultura e crenças.[110]

Portanto, a universalidade dos direitos humanos é de confluência, construída com base no diálogo e respeito entre as diferentes culturas, sem a imposição de valores e crenças, o que garantirá uma convivência pacífica e harmoniosa entre os povos, sem implicar destruição de culturas.

2.2.2 Indivisibilidade e interdependência

O fim da Segunda Guerra Mundial representou o início da Guerra Fria, que dividiu profundamente o planeta em dois blocos ideológicos. De um lado o "bloco capitalista", liderado pelos Estados Unidos da América, e do outro o "bloco socialista", encabeçado pela União das Repúblicas Socialistas Soviéticas.

A divisão geopolítica mundial pós-guerra repercutiu inexoravelmente nos trabalhos da Organização das Nações Unidas, que decidiu, em 1951, elaborar dois Pactos Internacionais de Direitos Humanos ao invés de apenas um, o que na prática representou divisão dos direitos humanos em duas categorias: a) a dos direitos civis e políticos, enfatizados pelo bloco ocidental; e b) a dos direitos econômicos, sociais e culturais, privilegiados pelo grupo soviético.[111] O Pacto Internacional dos Direitos Civis e Políticos e o Pacto Internacional

---

[109] RAMOS. *A teoria geral dos direitos humanos na ordem internacional*, p. 158.

[110] FILHO. *A universalidade parcial dos direitos humanos*.

[111] CANÇADO TRINDADE. *Tratado de direito internacional de direitos humanos*, v. 1, p. 354-355.

dos Direitos Econômicos, Sociais e Culturais foram adotados pela XXI Assembleia-Geral das Nações Unidas, em 16 de dezembro de 1966.

A distinção, de cunho eminentemente ideológico, também se refletiu nos sistemas regionais de proteção dos direitos humanos. No âmbito do sistema interamericano, a Convenção Americana sobre Direitos Humanos consagra, de forma ampla, os chamados direitos civis e políticos, limitando-se a estabelecer, em seu art. 26, que os Estados partes se comprometem a adotar providências com o intuito de conseguir progressivamente a efetividade dos direitos econômicos, sociais e culturais constantes da Carta da Organização dos Estados Americanos. Esta situação perdurou até o advento do Protocolo Adicional à Convenção Americana, denominada de Protocolo de San Salvador, que catalogou os chamados direitos econômicos, sociais e culturais.

Ocorre que a distinção entre direitos civis e políticos e direitos econômicos, sociais e culturais é desnecessária e incorreta porque os direitos humanos, sejam eles calcados no valor liberdade, igualdade ou fraternidade, são concretizações da dignidade da pessoa humana e visam, em suma, proporcionar ao ser humano uma vida digna, constituindo, destarte, um todo harmônico e indissolúvel, na medida em que "sem os direitos econômicos, sociais e culturais, os direitos civis e políticos teriam 'pouco sentido' para a maioria das pessoas".[112]

Com efeito, a efetividade dos direitos civis e políticos ficará comprometida sem o gozo dos direitos econômicos, sociais e culturais e, inversamente, sem os direitos civis e políticos, os direitos econômicos, sociais e culturais não têm sentido para os seres humanos, havendo, dessa maneira, a necessidade de união indissolúvel dos direitos humanos em geral. Nesse sentido, é a lição de André de Carvalho Ramos para quem "a proteção dos direitos humanos orbita em torno da preservação da dignidade da pessoa humana, sendo impossível, então, cindir tal proteção por espécie de direito".[113]

Os direitos humanos são, portanto, indivisíveis no sentido de que devem possuir igual validade e proteção jurídica, sejam eles direitos civis, políticos, econômicos, sociais, culturais ou ambientais, formando um todo harmônico e indivisível.

A indivisibilidade dos direitos humanos foi proclamada expressamente na I Conferência Mundial de Direitos Humanos, realizada em Teerã em 1968, que afirmou que a realização plena dos direitos civis

---

[112] CANÇADO TRINDADE. *Tratado de direito internacional de direitos humanos*, v. 1, p. 355.

[113] RAMOS. *A teoria geral dos direitos humanos na ordem internacional*, p. 164.

e políticos é impossível sem o gozo dos direitos econômicos, sociais e culturais. A Declaração e Programa de Ação de Viena de 1993 reafirmou, no artigo 5º, a indivisibilidade dos direitos humanos, ao aduzir que "todos os direitos humanos são universais, interdependentes e inter-relacionados. A comunidade internacional deve tratar os direitos humanos globalmente de forma justa e equitativa, em pé de igualdade e com a mesma ênfase".

A unidade indivisível dos direitos humanos rechaça a concepção usual de "categorias" distintas de direitos humanos, a dos direitos civis e políticos e a dos direitos econômicos, sociais e culturais. Os primeiros merecendo respeito e aplicação imediata porque impõe obrigações negativas ao Estado, ao passo que os segundos deveriam ser efetivados progressivamente, já que exigem uma atuação positiva do Poder Público, não sendo, assim, judicialmente sindicáveis. Na verdade, "entre as duas 'categorias' de direitos — individuais e sociais ou coletivos — não pode haver senão complementariedade e interação, e não compartimentação e antinomia".[114]

Os direitos humanos são indissociáveis e qualquer distinção implica a negação dos próprios direitos humanos, motivo pelo qual a concretização dos direitos econômicos, sociais e culturais deve ser, com fulcro na indivisibilidade dos direitos humanos, efetivada pelos Estados conjuntamente com os direitos civis e políticos, sendo, em caso de omissão estatal, direitos acionáveis e exigíveis no âmbito dos sistemas global e regionais de proteção de direitos humanos, em especial no sistema interamericano.[115]

Os direitos humanos, apesar de autônomos, interagem-se e se inter-relacionam, não podendo ser interpretados e aplicados de forma compartimentalizada, mas sim conjuntamente, razão pela qual o conteúdo de um direito humano pode permitir o surgimento de novos direitos. Ademais, nos direitos humanos não pode haver antinomia, mas complementaridade, no sentido de que se complementam, ampliando e enriquecendo o núcleo próprio.

Assim, os direitos humanos apresentam uma relação de dependência mútua, e que, logo, a proteção da pessoa humana deve ser buscada através da implementação eficaz e uniforme não só dos direitos civis e políticos, mas também dos direitos sociais, econômicos, culturais e ambientais como um todo único, harmônico e indivisível.

---

[114] CANÇADO TRINDADE. *Tratado de direito internacional de direitos humanos*, v. 1, p. 360.
[115] PIOVESAN. *Temas de direitos humanos*, p. 145.

2.2.3 Indisponibilidade

A positivação de direitos inerentes ao ser humano em documentos normativos internacionais, notadamente após a Segunda Guerra Mundial, além de promover o reconhecimento da pessoa humana como sujeito de direito internacional, teve como objetivo precípuo alcançar a plena proteção do ser humano em face das graves ameaças e lesões à vida e dignidade humanas perpetradas pelo Estado.

Com efeito, o valor da dignidade da pessoa humana passou a ser concebido como pressuposto e fonte dos direitos humanos, afinal "a dignidade humana e os direitos humanos (ou fundamentais) são intimamente relacionados, como as duas faces de uma mesma moeda".[116] O ser humano passou a ser o centro das preocupações do direito internacional e, por consequência, tutelado pelos diversos documentos e órgãos internacionais de proteção dos direitos humanos independentemente de seu vínculo jurídico da nacionalidade com o Estado, mas simplesmente pela sua condição humana.

Aliás, Bernardo Pereira de Lucena Rodrigues Guerra aduz que:

> Não há que se falar em condição humana sem o princípio da dignidade humana: os dois são termos correlatos, inseparáveis, que devem, sempre, ser aplicados em conjunto. A condição humana somente será condição propriamente dita se for digna, se assegurar aqueles valores intrínsecos a todo ser humano, sob pena de permitir arbítrios e violações que podem ser muito perigosos, num provável retorno a situações que precisam ser evitadas e suplantadas.[117]

Nesse contexto, os direitos humanos são indisponíveis e, consequentemente, irrenunciáveis porque "o ser humano não pode despir-se de sua condição humana, transformando-se em objeto".[118]

Immanuel Kant ensina que os homens, enquanto seres racionais, estão submetidos a um imperativo categórico que determina que "cada um deles jamais deve tratar a si mesmo e a todos os outros como meros meios, mas sempre ao mesmo tempo como fim em si mesmo",[119] assentando ainda que:

---

[116] BARROSO. *A dignidade da pessoa humana no direito constitucional contemporâneo*: a construção de um conceito jurídico à luz da jurisprudência mundial, p. 75.

[117] GUERRA. *Direito internacional dos direitos humanos*: nova mentalidade emergente pós-1945, p. 91.

[118] RAMOS. *A teoria geral dos direitos humanos na ordem internacional*, p. 168.

[119] KANT. *Fundamentação da metafísica dos costumes*, p. 259-261.

No reino dos fins tudo tem ou bem um preço ou bem uma dignidade. O que tem preço, em seu lugar também se pode pôr outra coisa, enquanto equivalente, mas o que se eleva acima de todo preço, não permitindo, por conseguinte, qualquer equivalente, tem uma dignidade.[120]

De acordo com o pensamento kantiano, é possível concluir, portanto, que os direitos humanos são essencialmente tais, pois, sem eles, não se concretiza a dignidade humana, não se admitindo, assim, que a pessoa possa dispô-los, sob pena de reduzir a sua condição humana.

A emergência do direito internacional dos direitos humanos e a consagração dos direitos civis, políticos, sociais, econômicos e culturais e os de solidariedade como direitos dirigidos à proteção da dignidade humana impuseram necessariamente restrições à autonomia da vontade dos titulares de direitos humanos. Com efeito, partindo-se da premissa de que a afirmação dos direitos humanos baseia-se na proteção da dignidade e na condição humana, considerando que a dignidade é um atributo inerente ao ser humano e que toda pessoa é um fim em si mesma, não podendo ser, por essa razão, reduzida ou tratada a mero objeto ou instrumento, deve-se concluir que o indivíduo não poderá, portanto, renunciar e dispor de certos direitos humanos, sem os quais fatalmente será reduzido a mero objeto e retirada a sua condição humana.[121]

Luís Roberto Barroso propõe a construção de um conteúdo mínimo da dignidade humana a partir de três elementos, quais sejam: a) o valor intrínseco de todos os seres humanos; b) a autonomia privada de cada pessoa, que lhe permite buscar, à sua própria maneira, a felicidade e definir as regras que vão reger a sua vida; e, por fim, c) o valor comunitário, que é o elemento social da dignidade humana e, com isso, permite restrições legítimas a ela em nome de valores sociais ou interesses do Estado.[122]

O citado jurista ressalta que o valor comunitário da dignidade humana, como uma restrição sobre a autonomia pessoal, busca a sua legitimidade na realização de três objetivos, dentre os quais se destaca a proteção dos direitos e da dignidade do próprio indivíduo,[123] de

---

[120] KANT. *Fundamentação da metafísica dos costumes*, p. 265.

[121] RAMOS. *A teoria geral dos direitos humanos na ordem internacional*, p. 169.

[122] BARROSO. *A dignidade da pessoa humana no direito constitucional contemporâneo*: a construção de um conceito jurídico à luz da jurisprudência mundial, p. 72.

[123] BARROSO. *A dignidade da pessoa humana no direito constitucional contemporâneo*: a construção de um conceito jurídico à luz da jurisprudência mundial, p. 88.

modo que a pessoa não poderá, em nome de sua autonomia, abdicar de direitos humanos, sendo, portanto, irrenunciáveis.

Por fim, cumpre destacar que a renúncia a direitos humanos não se confunde com o não exercício de direito humano e embora o indivíduo não possa renunciar a direitos humanos, ele poderá optar por não os exercer.[124] O titular do direito humano manifesta, expressa ou tacitamente, a vontade de não exercer o direito, de não levar a efeito as possibilidades jurídicas que o ordenamento lhe permite, sem que isto caracterize renúncia ao direito não exercido, possibilitando-se, assim, que ele venha a exercê-lo a qualquer tempo. É o caso da liberdade de crença, quem decide não professar nenhuma fé religiosa, não renuncia ao direito humano de liberdade de crença, podendo vir, dessa maneira, a professar uma fé quando entender conveniente e oportuno.

Contudo, há alguns direitos humanos que, por sua própria natureza, não admitem a possibilidade de não exercício, como no caso, por exemplo, do direito à vida, pois nessa hipótese o não exercício do direito implicaria irremediável fim do próprio direito.

2.2.4 Relatividade

Não há direitos humanos absolutos, imunes a qualquer espécie de restrição. "A ideia de restrição é quase trivial no âmbito dos direitos individuais".[125] A própria Declaração Universal dos Direitos Humanos reconhece, em seu art. 29.2, que os direitos humanos são relativos, ao aduzir que podem ser limitados com o escopo de assegurar o devido reconhecimento e respeito dos direitos e liberdades de terceiros a fim de satisfazer às justas exigências da moral, da ordem pública e do bem-estar de uma sociedade democrática.

O Pacto Internacional dos Direitos Civis e Políticos também estabelece, em seu art. 4.1, que os direitos humanos são restringíveis e limitáveis, ao ressaltar que quando situações excepcionais ameacem a existência da nação e sejam proclamadas oficialmente, os Estados podem adotar, na estrita medida exigida pela situação, medidas que suspendam as obrigações decorrentes do aludido tratado. Isso se não forem incompatíveis com as demais obrigações que lhes sejam impostas pelo Direito Internacional e não acarretem discriminação alguma por motivo de raça, cor, sexo, língua, religião ou origem social.

---

[124] ADAMY. *Renúncia a direito fundamental*, p. 39.

[125] MENDES; BRANCO. *Curso de direito constitucional*, p. 194.

Em relação aos direitos fundamentais, Robert Alexy ensina que "como direitos de hierarquia constitucional, direitos fundamentais podem ser restringidos somente por normas de hierarquia constitucional ou em virtude delas".[126] Os direitos fundamentais somente podem ser limitados e restringidos em caráter geral por normas constitucionais ou normas infraconstitucionais, cuja criação é autorizada pela própria Constituição. Daí falar-se em restrições diretamente constitucionais, quando provenientes de normas de estatura constitucional, e em restrições indiretamente constitucionais, quando a Constituição permite a edição de normas infraconstitucionais restritivas de direitos fundamentais.

Segundo Alexandre Coutinho Pagliarini, "as normas definidoras de Direitos Humanos, sejam elas Constitucionais ou Internacionais, elas são portadoras da marca das *jus cogens* (normas imperativas e de aplicabilidade imediata)".[127] Assim, inspirando-se no pensamento alexyano, é possível conceber que os direitos humanos, positivados em tratados internacionais, somente podem ser limitados em caráter geral por expressa disposição convencional ou mediante ato normativo interno estatal emanado com autorização e fundamento imediato na convenção, ou seja, a restrição a direitos humanos são diretamente ou indiretamente convencionais. Trata-se de uma espécie de zona de proteção formal dos direitos humanos, de limite formal à atividade restritiva desses direitos.

Os tratados internacionais de direitos humanos trazem comumente em seu bojo dispositivos convencionais que expressamente autorizam limitações a direitos humanos, como é o caso, por exemplo, do art. 12.3 da Convenção Americana sobre Direitos Humanos que aduz que "a liberdade de manifestar a própria religião e as próprias crenças está sujeita unicamente às limitações prescritas pela lei e que sejam necessárias para proteger a segurança, a ordem, a saúde ou a moral públicas ou os direitos ou liberdades das demais pessoas".

Contudo, eles também podem ser limitados por outros direitos humanos, independentemente de expressa autorização convencional para a restrição. Nesse caso, a colisão entre direitos humanos legitima o estabelecimento de limites a um direito humano não submetido a reserva convencional expressa nesse sentido, mediante o uso da técnica da ponderação, uma vez que "a essencialidade dos direitos humanos

---

[126] ALEXY. *Teoria dos direitos fundamentais*, p. 286.

[127] PAGLIARINI. *Direito constitucional e internacional dos direitos humanos*, p. 30.

e sua superioridade normativa não impedem a existência de limites impostos a um direito em nome da preservação de outro".[128]

Bodo Pieroth e Bernhard Chilink ensinam que o âmbito de proteção dos direitos fundamentais não sujeitos a restrições normativas vai até o ponto em que permita um equilíbrio com outros direitos fundamentais colidentes, admitindo-se, destarte, limitações a direitos fundamentais a partir de outros direitos fundamentais, com o fito de manter a concordância prática entre os mesmos. Enfim, restringe-se um direito fundamental com a finalidade de manter um equilíbrio entre os direitos conflitantes.[129]

Os direitos humanos visam resguardar, como já ressaltado alhures, a primazia da dignidade da pessoa humana cujos contornos são moldados pelas relações das pessoas com outros indivíduos. Assim, a autonomia de um indivíduo pode ser restringida por valores, costumes e direitos de outras pessoas igualmente livres e merecedoras de consideração e respeito, isso com o objetivo precípuo de proteger os direitos e a dignidade de terceiros.[130]

O princípio da dignidade da pessoa humana sujeita-se, em sendo contraposto à igual dignidade de terceiros, a uma necessária relativização.[131] E, em razão de a dignidade humana estar umbilicalmente ligada aos direitos humanos, quando dois ou mais direitos humanos entram concretamente em conflito, é mister e legítimo o estabelecimento de restrições ao seu exercício, por meio da ponderação, como forma necessária de compatibilização entre os direitos humanos colidentes.

A aplicação das normas definidoras de direitos humanos faz-se eminentemente por meio da técnica da subsunção, que, porém, é inadequada para lidar com situações que envolvam colisões de direitos humanos. Nesses casos, utiliza-se a técnica da ponderação, que consiste em uma técnica de decisão jurídica utilizável nos casos difíceis, isto é, que envolvem a aplicação de normas jurídicas, inclusive as definidoras de direitos humanos, que se encontram em linha de colisão, apontando soluções diversas ou contraditórias para a questão.[132]

---

[128] RAMOS. *A teoria geral dos direitos humanos na ordem internacional*, p. 170.

[129] PIEROTH; SCHLINK. *Direitos fundamentais*, p. 153.

[130] BARROSO. *A dignidade da pessoa humana no direito constitucional contemporâneo*: a construção de um conceito jurídico à luz da jurisprudência mundial, p. 87-88.

[131] SARLET. *Dignidade da pessoa humana e direitos fundamentais na Constituição Federal de 1988*, p. 158.

[132] BARROSO. *Curso de direito constitucional contemporâneo*: os conceitos fundamentais e a construção do novo modelo, p. 360.

A ponderação é um processo hermenêutico de três fases. Inicialmente, o intérprete detectará as normas definidoras de direitos humanos relevantes para a solução do caso, identificando eventuais conflitos entre as mesmas. Em seguida, examinar-se-á as circunstâncias fáticas do caso concreto e a sua interação com as normas identificadas na primeira etapa. Por fim, decide-se, à luz dos princípios da proporcionalidade e da razoabilidade, qual a solução a ser dada ao caso concreto, com a atribuição de pesos aos diversos elementos em disputa, em um mecanismo de concessões recíprocas que procura preservar os valores e direitos contrapostos na medida do possível e, em não sendo possível a compatibilização, o intérprete deverá decidir qual direito irá prevalecer.[133]

Também é possível a limitação de direitos humanos em períodos de crise ou estado de emergência. De fato, o art. 27.1 da Convenção Americana dispõe que em caso de guerra, de perigo público, ou de outra emergência que ameace a independência ou segurança do Estado, este poderá adotar as disposições que, na medida e pelo tempo estritamente limitados às exigências da situação, suspendam os direitos previstos na Convenção.

A restrição de direitos humanos em períodos de exceção é, apesar de seus custos, um importante instrumento de preservação e autodefesa do Estado Democrático de Direito, que lhe permite absorver a crise e restabelecer o pleno funcionamento da democracia, até porque somente em um ambiente democrático é possível a proteção efetiva de todos os direitos humanos.

A suspensão de determinados direitos humanos é fundamentada no fato de ser o único meio de conter o estado de crise e abalo institucional e, assim, preservar os valores democráticos. Por isso, só é possível a suspensão dos direitos humanos que efetivamente tenham relação com as medidas excepcionais necessárias para a solução da crise.[134]

O art. 27 da Convenção Americana somente admite a suspensão de direitos humanos em caso de guerra, de perigo público ou de outra emergência que ameace a independência ou segurança do Estado e, ainda assim, pelo tempo estritamente limitado às exigências da situação. Não se permitindo, todavia, a suspensão dos direitos ao reconhecimento da personalidade jurídica, do direito à vida, do direito à

---

[133] BARROSO. *Curso de direito constitucional contemporâneo*: os conceitos fundamentais e a construção do novo modelo, p. 361-365.

[134] RAMOS. *A teoria geral dos direitos humanos na ordem internacional*, p. 187.

integridade pessoal, do direito à proibição da escravidão e da servidão, do princípio da legalidade e da retroatividade, do direito à liberdade de consciência e religião, do direito à proteção da família, do direito ao nome, dos direitos da criança, do direito à nacionalidade e aos direitos políticos, nem das garantias judiciais e processuais indispensáveis para a proteção de tais direitos.

Enfim, os tratados internacionais de direitos humanos permitem, expressa ou implicitamente, restrições dos âmbitos de proteção dos direitos humanos. Contudo, a restrição a direitos humanos somente se dá de modo condicionado a determinados limites, cuja previsão tem como causa primeira a necessidade de proteger a eficácia dos direitos da atividade erosiva do Estado. Em suma, há limites aos limites dos direitos humanos.

O controle das restrições de direitos humanos por meio da imposição de limites é consequência do efeito recíproco dos direitos humanos sobre os órgãos estatais: ao mesmo tempo em que lhes cabe restringir a área de proteção dos direitos, devem fazê-lo de modo a preservar ao máximo o direito restringido.

Nesse contexto, a restrição a direitos humanos somente será legítima se observados os princípios da proporcionalidade e da proteção do conteúdo essencial deles, considerados verdadeiros limites materiais à atividade restritiva de direitos humanos, especialmente quando a limitação decorrer de conflito entre eles.

O princípio da proporcionalidade é o mais significativo limite dos limites dos direitos humanos.[135] É, portanto, instrumento necessário para aferir a legitimidade dos atos estatais que restringem direitos humanos. O princípio da proporcionalidade impõe o respeito concomitante de três requisitos, quais sejam: a) adequação; b) necessidade; e c) proporcionalidade em sentido estrito.

A adequação impõe que as medidas restritivas a direitos humanos (os meios) sejam aptas a proteger os direitos humanos de terceiros (os fins), ou seja, o meio deve promover o fim almejado.[136] A necessidade consiste na escolha, dentre os meios disponíveis e igualmente adequados para promover o fim, daquele menos oneroso e lesivo aos direitos humanos afetados.[137] E, finalmente, a proporcionalidade em sentido estrito exige que as vantagens da interferência na esfera dos direitos dos

---

[135] PIEROTH; SCHLINK. *Direitos fundamentais*, p. 138.

[136] ÁVILA. *Teoria dos princípios*: da definição à aplicação dos princípios jurídicos, p. 188.

[137] ÁVILA. *Teoria dos princípios*: da definição à aplicação dos princípios jurídicos, p. 193.

cidadãos superem os ônus decorrentes da limitação a direitos humanos, ou seja, o benefício alcançado com a adoção da medida restritiva não deve sacrificar direitos humanos mais importantes axiologicamente do que os direitos que a medida pretendeu preservar.[138]

Por último, há quem sustente que a restrição de direitos humanos deve observar o chamado princípio da proteção do núcleo essencial dos direitos humanos, que se destina "a evitar o esvaziamento do conteúdo do direito fundamental decorrente de restrições descabidas, desmesuradas ou desproporcionais",[139] no qual o núcleo essencial de um direito humano seria aquele mínimo insuscetível de limitação.

Ocorre que a proteção do conteúdo essencial dos direitos humanos não impede que, em situações concretas de conflitos de direitos, o Poder Judiciário possa, ao sopesar os valores em colisão, afastar por completo um direito, atingindo, por obviedade, seu núcleo essencial. Por esse motivo, Robert Alexy conclui que "a garantia do conteúdo essencial, prevista no art. 19, §2º, da Constituição alemã, não cria, em relação à máxima da proporcionalidade, nenhum limite adicional à restringibilidade dos direitos fundamentais. Visto que ela é equivalente a uma parte da proporcionalidade".[140]

Dessa forma, afigura-se inequívoco que o princípio da proporcionalidade é a verdadeira proteção contra as limitações arbitrárias de direitos humanos, uma vez que a análise da possibilidade ou não de violação de seu conteúdo essencial perpassa pela aferição da proporcionalidade da medida restritiva adotada.

2.3 Evolução histórica dos direitos humanos

Inicialmente, faz-se necessário traçar, ainda que em linhas gerais, a evolução histórica dos direitos humanos e fundamentais para a perfeita compreensão do tema, uma vez que os direitos do homem, por mais fundamentais que sejam, são direitos históricos, ou seja, nascidos em certas circunstâncias caracterizadas por lutas em defesa de novas liberdades contra velhos poderes e nascidos de modo gradual, não todos de uma vez e nem de uma vez por todas.[141] O conhecimento da origem

---

[138] MARMELSTEIN. *Curso de direitos fundamentais*, p. 419.
[139] MENDES; BRANCO. *Curso de direito constitucional*, p. 212.
[140] ALEXY. *Teoria dos direitos fundamentais*, p. 301.
[141] BOBBIO. *A Era dos direitos*, p. 25.

e evolução dos direitos humanos e fundamentais ao longo dos tempos é essencial para a sua correta interpretação e aplicação.

Os direitos fundamentais, desde sua origem, reconhecimento e constitucionalização, passaram por diversas mutações, razão pela qual a doutrina tradicionalmente classifica-os em "gerações" de direitos, ou seja, a partir da ordem cronológica em que passaram ser constitucionalmente positivados. Por esse motivo, o lema da Revolução Francesa, liberdade, igualdade e fraternidade, representa perfeitamente o conteúdo e sequência histórica dos direitos fundamentais.

A expressão "gerações de direitos" é inadequada porque transmite a falsa ideia de substituição gradativa de uma geração por outra, quando em verdade os novos direitos não substituem e nem fazem desaparecer os direitos anteriormente positivados. Assim sendo, a doutrina[142] tem preferido o termo "dimensões" de direitos ao invés de "gerações" de direitos, afastando, assim, a incorreta ideia de sucessão ou alternância de gerações.

Tais direitos são, tradicionalmente, classificados em direitos de primeira, segunda e terceira gerações, encontrando ainda, na doutrina, classificação dos direitos fundamentais em quatro e até cinco gerações.

2.3.1 Direitos de primeira dimensão

A gênese histórica dos direitos humanos vem dos chamados "direitos do homem", que se referem aos direitos naturais, isto é, inerentes à condição humana, que foram, posteriormente, reconhecidos e positivados na esfera do direito constitucional de determinado Estado ou em tratados ou convenções internacionais. Por essa razão, pode-se afirmar que as origens dos direitos humanos remontam ao chamado período axial, entre os séculos VIII e II a.C., época a partir da qual despontam as ideias de igualdade essencial entre os homens e do ser humano considerado como um ser dotado de liberdade e razão, premissas básicas para a compreensão da pessoa humana e para o reconhecimento de direitos universais e inerentes ao homem.[143]

A antiguidade, por meio da religião e da filosofia, legou as premissas-chave que, posteriormente, influenciaram o jusnaturalismo e a sua concepção de que o ser humano, pelos simples fato de existir, é detentor de direitos naturais inalienáveis, de sorte que os valores

---

[142] SARLET. *A eficácia dos direitos fundamentais*, p. 54.
[143] COMPARATO. *A afirmação histórica dos direitos humanos*, p. 23-24.

da dignidade humana, da igualdade entre os homens e da liberdade encontram suas raízes na filosofia clássica e no pensamento cristão.[144]

A primeira declaração embrionária de direitos fundamentais foi a Magna Carta do Rei João Sem Terra de 1215 que, apesar de não poder ser considerada uma declaração universal de direitos inerentes ao ser humano, ela é considerada o marco histórico dos direitos fundamentais porque, ao reconhecer privilégios especiais aos barões feudais e ao clero, limitou o poder dos monarcas na Inglaterra, impedindo assim o exercício arbitrário do poder real.

Fábio Konder Comparato aduz:

> O sentido inovador do documento consistiu, justamente, no fato de a declaração régia reconhecer que os direitos próprios dos dois estamentos livres — nobreza e o clero — existiam independentemente do consentimento do monarca, e não podiam, por conseguinte, ser modificados por ele. Aí está a pedra angular para a construção da democracia moderna: o poder dos governantes passa a ser limitado, não apenas por normas superiores, fundadas no costume ou na religião, mas também por direitos subjetivos dos governados.[145]

Dentre as suas sessenta e três cláusulas, destaca-se a cláusula 39 que garante aos súditos ingleses o devido processo legal. A propósito:

> Nenhum homem livre poderá ser detido ou mantido preso, privado de seus bens, posto fora da lei ou banido, ou de qualquer maneira molestado e não procederemos contra ele nem o faremos vir, a menos que por julgamento legítimo dos seus pares e pela lei da terra.[146]

Os princípios da Magna Carta de 1215 influenciaram os movimentos liberais dos séculos XVII e XVIII, sobretudo a Independência Americana e a Revolução Francesa, e, consequentemente, as declarações de direitos de 1776 e 1789, uma vez que consagravam direitos e liberdades civis básicos, tais como o devido processo legal e o *habeas corpus*.

No século XVII, ocorre um processo de racionalização do Direito Natural, afastando-se o jusnaturalismo da religiosidade. Nesse contexto racionalista, a fonte do direito natural era a racionalidade dos seres humanos, e não a vontade de Deus, concebendo-se a ideia de direitos

---

[144] SARLET. *A eficácia dos direitos fundamentais*, p. 45.

[145] COMPARATO. *A afirmação histórica dos direitos humanos*, p. 92.

[146] DALLARI. *Elementos de teoria geral do Estado*, p. 207.

naturais inalienáveis do indivíduo conferidos ao ser humano pelo simples fato de existir e impostos ao Estado como forma de contenção da autoridade do monarca.

O jusnaturalismo reconhecia a existência de um conjunto de princípios morais universalmente válidos e imutáveis que estabelecem critérios de justiça e direitos fundamentais inerentes à natureza humana.

Carlos Nino Santiago aduz que a concepção jusnaturalista pode ser caracterizada por duas teses, quais sejam: a) uma tese filosófica ética, que afirma a existência de princípios morais e de justiça universalmente válidos e acessíveis à razão humana; e b) uma tese relativa à definição do conceito de direito, segundo o qual um sistema normativo ou uma norma não podem ser classificados como "jurídicos" se estão em desacordo com aqueles princípios morais ou de justiça.[147]

A doutrina jusnaturalista do século XVII inspirou os movimentos liberais ocorridos na Europa, especialmente na França, e nas Colônias da América, influenciando sobremaneira também as Declarações de Direitos da Virgínia e a Francesa, ávidas em estabelecer limites ao poder do Estado, mediante a positivação de "direitos naturais".

Embora as declarações inglesas de direitos, como a *Petition of Right* de 1628, o *Habeas Corpus Act* de 1679 e o *Bill of Rights* de 1689, aprovados pelo Parlamento Britânico, tenham reconhecido direitos básicos do homem, tais documentos não podem ser considerados o marco inicial dos direitos fundamentais porque não vinculavam o Parlamento, mas apenas o poder monárquico, de modo que não houve uma constitucionalização dos direitos e liberdades individuais ali afirmados.[148]

Foi na colônia de Virgínia, em 12 de janeiro de 1776, que surgiu a primeira Declaração de Direitos,[149] servindo de inspiração para as outras colônias americanas a fim de que aprovassem Declarações semelhantes e para a constitucionalização dos direitos fundamentais em 1791,[150] uma vez que consagrava, por exemplo, o direito à vida, à liberdade, à propriedade e proteção à opressão. A Declaração de Direitos da Virgínia de 1776, apesar de guardar semelhança quanto ao conteúdo com as declarações inglesas do século XVII, tem as especiais características da universalidade e da supremacia normativa dos direitos naturais,

---

[147] NINO. *Introdução à Análise do Direito*, p. 32.

[148] SARLET. *A eficácia dos direitos fundamentais*, p. 51.

[149] DALLARI. *Elementos de Teoria Geral do Estado*, p. 208.

[150] Os direitos fundamentais foram incorporados à Constituição Americana de 1787 por meio das emendas de 1791.

tratando-se, portanto, da primeira positivação dos direitos naturais do homem como direitos fundamentais em normas jurídicas.

De fundamental importância para a universalização dos direitos da pessoa humana foi a Declaração dos Direitos do Homem e do Cidadão, aprovada pela Assembleia Nacional Francesa em 1789, pois assegurava direitos e liberdades ao ser humano indistintamente, isto é, independentemente do *status* social, econômico, cultural ou racial do indivíduo.

Paulo Bonavides destaca o caráter universal da Declaração dos Direitos do Homem e do Cidadão, que veio a ser decisivo para a afirmação e a constitucionalização dos direitos fundamentais da pessoa humana nos séculos seguintes. Veja-se:

> Constatou-se então com irrecusável veracidade que as declarações antecedentes de ingleses e americanos podiam talvez ganhar em concretude, mas perdiam em espaço de abrangência, porquanto se dirigiam a uma camada social privilegiada (os barões feudais), quando muito a um povo ou a uma sociedade que se libertava politicamente, conforme era o caso das antigas colônias americanas, ao passo que a Declaração francesa de 1789 tinha poder destinatário o gênero humano. Por isso mesmo, e pelas condições da época, foi a mais abstrata de todas as formulações solenes já feitas acerca da liberdade.[151]

Ademais, as primeiras declarações de direitos foram fortemente influenciadas pelo liberalismo, segundo o qual o Estado não deveria intervir na economia, pois o mercado seria capaz de se autorregular, resultando daí a doutrina do *laissez-faire, laissez-passer,* em que a função estatal seria proteger a liberdade individual, a segurança das pessoas e a propriedade privada, criando, destarte, um ambiente favorável para que as relações econômicas e sociais se desenvolvessem livremente.

De fato, o Estado liberal não se preocupava com o bem-estar geral da população, seu papel consistia basicamente em garantir a ordem pública interna e a segurança externa, removendo, assim, obstáculos que impedissem as pessoas de realizar livremente seus fins particulares. Luís S. Cabral de Moncada ressalta que a tarefa do Estado liberal não consistia em prescrever fins para cada cidadão, mas em "garantir para cada indivíduo uma esfera de liberdade de maneira que, dentro dela, cada um possa, segundo suas capacidades e talento, prosseguir os fins

---

[151] BONAVIDES. *Curso de direito constitucional,* p. 562.

que lhe aprouverem",[152] preocupando-se o Estado apenas com a garantia das condições externas para que cada cidadão pudesse prosseguir os seus interesses privados.

A Declaração de Direitos da Virgínia, a Declaração dos Direitos do Homem e do Cidadão e as demais declarações de direitos do século XIX incorporaram as premissas do pensamento liberal, positivando os direitos calcados no valor liberdade, quais sejam, os direitos civis e políticos.

Surgem assim os chamados direitos fundamentais de primeira dimensão destinados a estabelecer restrições ao poder estatal, através da positivação de direitos civis e políticos, a exemplo do direito à vida, à liberdade, à igualdade, à propriedade, do devido processo legal e do *habeas corpus*, cujo titular é o homem individualmente considerado, razão pela qual se caracterizam como direitos eminentemente individualistas.

Com o reconhecimento dos direitos fundamentais de primeira dimensão, nasce o Estado liberal cujo postulado essencial é o predomínio da autonomia da vontade na esfera econômica, donde a liberdade individual, inclusive a autonomia contratual, não se submetia à vontade do Estado.

Por isso, os direitos fundamentais de primeira dimensão são chamados de direitos de defesa, direitos de liberdade negativa ou de *status negativus*[153] porque asseguram às pessoas direitos e liberdades cujos exercícios não podem ser abusivamente obstaculizados pelo Estado, ou seja, impõem ao Estado uma obrigação de não fazer, de não interferência, de não intromissão na esfera de liberdade do indivíduo, limitando, assim, o âmbito de atuação estatal.

2.3.2 Direitos de segunda dimensão

Os direitos fundamentais de segunda dimensão são decorrentes da Revolução Industrial, que teve seu início no fim do século XVIII, introduzindo na Europa, particularmente na Inglaterra, a fábrica moderna mecanizada. Mas, foi na segunda fase da Revolução Industrial, iniciada na primeira metade do século XIX, que surgiram as grandes empresas e indústrias, propiciando o impulso do desenvolvimento técnico e a produção em massa.

---

[152] MONCADA. *Direito Económico*, p. 23.
[153] BONAVIDES. *Curso de direito constitucional*, p. 564.

A segunda Revolução Industrial provocou o aparecimento de graves problemas sociais e econômicos na Europa do século XIX. Já não mais se acreditava que o Estado liberal pudesse erradicar a pobreza insustentável e a resgatar a dignidade dos trabalhadores e desempregados, razão pela qual eclodem, à época, diversos movimentos reivindicatórios de direitos trabalhistas e sociais. Ademais, no início do século XX, a Primeira Guerra Mundial provocou uma enorme crise econômica e social na Europa, aumentando a insatisfação popular e, por consequência, fortalecendo as reivindicações por melhores condições de vida e trabalho.

E é a partir desses fatos históricos que surgem, na Constituição do México de 1917 e na Constituição Weimar de 1919, os direitos fundamentais de segunda dimensão, consubstanciados nos direitos sociais, econômicos e culturais da pessoa humana e nos direitos dos trabalhadores[154] alçando o Estado à condição de promotor do bem-estar da população. São direitos que não mais correspondem a um dever de abstenção do Estado, mas que o obrigam a empreender ações destinadas à promoção da justiça social. É o nascimento do Estado Social (*Welfare State*).

A Constituição mexicana de 1917 foi a primeira a atribuir a qualidade de direitos fundamentais aos direitos trabalhistas e ao direito à educação pública e, em reação ao sistema capitalista, consagrou a reforma agrária e a abolição do caráter absoluto da propriedade privada, servindo, dessa forma, de inspiração para a positivação dos direitos sociais, econômicos e culturais na Europa, notadamente na Constituição alemã de 1919.[155]

No que pesem os direitos fundamentais de segunda dimensão serem denominados "direitos sociais", não são direitos da coletividade, mas direitos, que apesar de estarem intimamente relacionados a reivindicações de justiça social, são conferidos aos homens individualmente considerados, não se confundindo com os direitos coletivos em sentido amplo, classificados como de terceira dimensão.[156]

São direitos preponderantemente de prestação ou de *status positivus*, pois se realizam por intermédio do Estado, isto é, exigem uma conduta positiva do Estado, consistente numa prestação material ou

---

[154] SARLET. *A eficácia dos direitos fundamentais*, p.57.

[155] COMPARATO. *A afirmação histórica dos direitos humanos*, p. 190.

[156] MENDES; BRANCO. *Curso de direito constitucional*, p. 137.

normativa outorgada ao ser humano, como o direito à saúde, à educação e ao direito de greve, por exemplo.

Com efeito, os direitos fundamentais de segunda dimensão que exigem uma prestação jurídica do Estado dependem da edição de norma regulamentadora para serem aplicados no meio social, ou seja, a sua eficácia social demanda a criação de normas jurídicas que disciplinem o modo de seu exercício e significado. Por sua vez, a concretização dos direitos fundamentais a prestações materiais depende, em linhas gerais, da implementação de políticas públicas, tarefas e ações concretas do Estado, distintas de sua atividade legislativa, tais como a construção de escolas, postos de saúde, material didático ou a distribuição de medicamentos.

Ressalte-se ainda que a segunda dimensão dos direitos fundamentais não se resume a direitos de cunho prestacional, mas englobam também as chamadas liberdades sociais, como os direitos trabalhistas a férias, repouso semanal, limite de jornada de trabalho e a liberdade sindical.[157]

2.3.3 Direitos de terceira dimensão

Na segunda metade do século XX surgem os direitos fundamentais de terceira dimensão, também chamados de direitos de solidariedade ou de fraternidade, que se caracterizam por serem direitos coletivos em sentido amplo, isto é, pertencentes ou outorgados não ao homem individualmente considerado, mas a toda sociedade. Enfim, são transindividuais, cuja titularidade é coletiva e não individual.

Ela não se destina à proteção dos interesses individuais do homem, de um grupo ou de um determinado Estado, mas à proteção do gênero humano coletivamente considerado, caracterizando-se, por consequência, como direitos de titularidade difusa ou coletiva, tais como o direito ao desenvolvimento, o direito à paz, o direito à comunicação, o direito de propriedade sobre o patrimônio comum da humanidade e o direito à autodeterminação dos povos tradicionais.[158]

Ademais, dentre os direitos fundamentais de terceira geração, destaca-se o direito ao meio ambiente sadio. No âmbito interno, a Constituição Federal de 1988, inspirando-se nos documentos internacionais

---

[157] SARLET. *A eficácia dos direitos fundamentais*, p. 57.
[158] BONAVIDES. *Curso de direito constitucional*, p. 569.

de proteção ao meio ambiente, alçou o direito ao meio ambiente ecologicamente equilibrado à categoria de direito fundamental do homem, cujo art. 225 assim preceitua:

> Art. 225. Todos têm direito ao meio ambiente ecologicamente equilibrado, bem de uso comum do povo e essencial a sadia qualidade de vida, impondo-se ao Poder Público e à coletividade o dever de defendê-lo e preservá-lo para as presentes e futuras gerações.

A leitura do dispositivo constitucional supra mencionado revela a sua estreita vinculação com o artigo 5º da Constituição Federal, uma vez que este estabelece como garantia fundamental o direito à vida, bem maior que merece ampla proteção do Estado. Assim, se a preservação ambiental é condição *sine qua non* para a sadia qualidade de vida, pode-se concluir que a tutela do meio ambiente é imprescindível para o exercício efetivo da garantia fundamental que é a proteção da pessoa humana.

O direito ao meio ecologicamente equilibrado está diretamente fulcrado no princípio da dignidade da pessoa humana porque essencial à sadia qualidade de vida e à própria existência humana. Não há que se falar em dignidade humana se não houver condições bióticas e abióticas favoráveis ao bem-estar, à saúde e à vida humana, isto é, que proporcionem ao homem uma sadia qualidade de vida a fim de que se possa afirmar a fundamentalidade do direito ao meio ambiente sadio.

Nesse contexto, o direito ao meio ambiente ecologicamente equilibrado está inserido no conceito de direito fundamental de terceira geração ou dimensão. Aliás, Noberto Bobbio afirma que o mais importante direito de terceira geração é o direito reivindicado pelos movimentos ecológicos, qual seja, o de viver num ambiente não poluído.[159]

No mesmo sentido, José Afonso da Silva ensina que o direito ao meio ambiente "em face da Constituição vigente, não pode ser mais considerado mero interesse difuso, mas forma de direito humano fundamental, dito de terceira geração".[160] A configuração do direito ao meio ambiente como direito fundamental tem como justificativa viabilizar sua utilização como instrumento de consagração do direito à vida,[161] uma vez que a Constituição Federal protege não somente a

---

[159] BOBBIO. *A Era dos direitos*, p. 25.

[160] SILVA. *Direito ambiental constitucional*, p. 221.

[161] TESSLER. *Tutelas jurisdicionais do meio ambiente*: tutela inibitória, tutela de remoção, tutela do ressarcimento da forma específica, p. 77.

vida biológica, mas também a vida com dignidade. E não há que se falar em dignidade diante de um meio ambiente ecologicamente desequilibrado, na medida em que tal situação afeta diretamente a vida, a saúde, o bem-estar e o futuro da população.

Edis Milaré ensina que:

> O reconhecimento do direito a um meio ambiente sadio configura-se, na verdade, como extensão do direito à vida, quer sob o enfoque da própria existência física e saúde dos seres humanos, quer quanto ao aspecto da dignidade dessa existência — a qualidade de vida —, que faz com que valha a pena viver.[162]

O Egrégio Supremo Tribunal Federal tem firme posicionamento no sentido de que o direito ao meio ambiente ecologicamente equilibrado é um típico direito de terceira geração, que assiste a todo o gênero humano, conforme se depreende do julgado abaixo relacionado:

MEIO AMBIENTE - DIREITO À PRESERVAÇÃO DE SUA INTEGRIDADE (CF, ART. 225) - PRERROGATIVA QUALIFICADA POR SEU CARÁTER DE METAINDIVIDUALIDADE - DIREITO DE TERCEIRA GERAÇÃO (OU DE NOVÍSSIMA DIMENSÃO) QUE CONSAGRA O POSTULADO DA SOLIDARIEDADE - NECESSIDADE DE IMPEDIR QUE A TRANSGRESSÃO A ESSE DIREITO FAÇA IRROMPER, NO SEIO DA COLETIVIDADE, CONFLITOS INTERGENERACIONAIS - ESPAÇOS TERRITORIAIS ESPECIALMENTE PROTEGIDOS (CF, ART. 225, §1º, III) - ALTERAÇÃO E SUPRESSÃO DO REGIME JURÍDICO A ELES PERTINENTE - MEDIDAS SUJEITAS AO PRINCÍPIO CONSTITUCIONAL DA RESERVA DE LEI - SUPRESSÃO DE VEGETAÇÃO EM ÁREA DE PRESERVAÇÃO PERMANENTE - POSSIBILIDADE DE A ADMINISTRAÇÃO PÚBLICA, CUMPRIDAS AS EXIGÊNCIAS LEGAIS, AUTORIZAR, LICENCIAR OU PERMITIR OBRAS E/OU ATIVIDADES NOS ESPAÇOS TERRITORIAIS PROTEGIDOS, DESDE QUE RESPEITADA, QUANTO A ESTES, A INTEGRIDADE DOS ATRIBUTOS JUSTIFICADORES DO REGIME DE PROTEÇÃO ESPECIAL - RELAÇÕES ENTRE ECONOMIA (CF, ART. 3º, II, C/C O ART. 170, VI) E ECOLOGIA (CF, ART. 225) - COLISÃO DE DIREITOS FUNDAMENTAIS - CRITÉRIOS DE SUPERAÇÃO DESSE ESTADO DE TENSÃO ENTRE VALORES CONSTITUCIONAIS RELEVANTES - OS DIREITOS BÁSICOS DA PESSOA HUMANA E AS SUCESSIVAS GERAÇÕES (FASES OU DIMENSÕES) DE DIREITOS (RTJ 164/158, 160-161) - A QUESTÃO DA PRECEDÊNCIA DO DIREITO À PRESERVAÇÃO DO

---

[162] MILARÉ. *Direito do ambiente*, p. 258.

MEIO AMBIENTE: UMA LIMITAÇÃO CONSTITUCIONAL EXPLÍCITA À ATIVIDADE ECONÔMICA (CF, ART. 170, VI) - DECISÃO NÃO REFERENDADA - CONSEQÜENTE INDEFERIMENTO DO PEDIDO DE MEDIDA CAUTELAR. A PRESERVAÇÃO DA INTEGRIDADE DO MEIO AMBIENTE: EXPRESSÃO CONSTITUCIONAL DE UM DIREITO FUNDAMENTAL QUE ASSISTE À GENERALIDADE DAS PESSOAS.

- Todos têm direito ao meio ambiente ecologicamente equilibrado. Trata-se de um típico direito de terceira geração (ou de novíssima dimensão), que assiste a todo o gênero humano (RTJ 158/205-206). Incumbe, ao Estado e à própria coletividade, a especial obrigação de defender e preservar, em benefício das presentes e futuras gerações, esse direito de titularidade coletiva e de caráter transindividual (RTJ 164/158-161). O adimplemento desse encargo, que é irrenunciável, representa a garantia de que não se instaurarão, no seio da coletividade, os graves conflitos intergeneracionais marcados pelo desrespeito ao dever de solidariedade, que a todos se impõe, na proteção desse bem essencial de uso comum das pessoas em geral. Doutrina. A ATIVIDADE ECONÔMICA NÃO PODE SER EXERCIDA EM DESARMONIA COM OS PRINCÍPIOS DESTINADOS A TORNAR EFETIVA A PROTEÇÃO AO MEIO AMBIENTE. - A incolumidade do meio ambiente não pode ser comprometida por interesses empresariais nem ficar dependente de motivações de índole meramente econômica, ainda mais se se tiver presente que a atividade econômica, considerada a disciplina constitucional que a rege, está subordinada, dentre outros princípios gerais, àquele que privilegia a "defesa do meio ambiente" (CF, art. 170, VI), que traduz conceito amplo e abrangente das noções de meio ambiente natural, de meio ambiente cultural, de meio ambiente artificial (espaço urbano) e de meio ambiente laboral. Doutrina. Os instrumentos jurídicos de caráter legal e de natureza constitucional objetivam viabilizar a tutela efetiva do meio ambiente, para que não se alterem as propriedades e os atributos que lhe são inerentes, o que provocaria inaceitável comprometimento da saúde, segurança, cultura, trabalho e bem-estar da população, além de causar graves danos ecológicos ao patrimônio ambiental, considerado este em seu aspecto físico ou natural. A QUESTÃO DO DESENVOLVIMENTO NACIONAL (CF, ART. 3º, II) E A NECESSIDADE DE PRESERVAÇÃO DA INTEGRIDADE DO MEIO AMBIENTE (CF, ART. 225): O PRINCÍPIO DO DESENVOLVIMENTO SUSTENTÁVEL COMO FATOR DE OBTENÇÃO DO JUSTO EQUILÍBRIO ENTRE AS EXIGÊNCIAS DA ECONOMIA E AS DA ECOLOGIA. - O princípio do desenvolvimento sustentável, além de impregnado de caráter eminentemente constitucional, encontra suporte legitimador em compromissos internacionais assumidos pelo Estado brasileiro e representa fator de obtenção do justo equilíbrio entre as exigências da economia e as da ecologia, subordinada, no entanto, a invocação desse postulado, quando ocorrente situação de conflito entre valores constitucionais relevantes, a uma condição inafastável, cuja observância não comprometa nem esvazie o

conteúdo essencial de um dos mais significativos direitos fundamentais: o direito à preservação do meio ambiente, que traduz bem de uso comum da generalidade das pessoas, a ser resguardado em favor das presentes e futuras gerações. O ART. 4º DO CÓDIGO FLORESTAL E A MEDIDA PROVISÓRIA Nº 2.166-67/2001: UM AVANÇO EXPRESSIVO NA TUTELA DAS ÁREAS DE PRESERVAÇÃO PERMANENTE. - A Medida Provisória nº 2.166-67, de 24/08/2001, na parte em que introduziu significativas alterações no art. 4º do Código Florestal, longe de comprometer os valores constitucionais consagrados no art. 225 da Lei Fundamental, estabeleceu, ao contrário, mecanismos que permitem um real controle, pelo Estado, das atividades desenvolvidas no âmbito das áreas de preservação permanente, em ordem a impedir ações predatórias e lesivas ao patrimônio ambiental, cuja situação de maior vulnerabilidade reclama proteção mais intensa, agora propiciada, de modo adequado e compatível com o texto constitucional, pelo diploma normativo em questão. - Somente a alteração e a supressão do regime jurídico pertinente aos espaços territoriais especialmente protegidos qualificam-se, por efeito da cláusula inscrita no art. 225, §1º, III, da Constituição, como matérias sujeitas ao princípio da reserva legal. - É lícito ao Poder Público - qualquer que seja a dimensão institucional em que se posicione na estrutura federativa (União, Estados-membros, Distrito Federal e Municípios) - autorizar, licenciar ou permitir a execução de obras e/ou a realização de serviços no âmbito dos espaços territoriais especialmente protegidos, desde que, além de observadas as restrições, limitações e exigências abstratamente estabelecidas em lei, não resulte comprometida a integridade dos atributos que justificaram, quanto a tais territórios, a instituição de regime jurídico de proteção especial. (CF, art. 225, §1º, III)[163] (grifos nossos)

O direito ao meio ambiente sadio é essencialmente de terceira dimensão justamente porque não pertence ao ser humano individualmente considerado, não se trata de um direito individual, mas de direito cuja titularidade pertence indistintamente a todos os seres humanos, ou seja, à coletividade.

O Código de Defesa do Consumidor (Lei nº 8.078/90), em seu art. 81, parágrafo único, inciso I, define que são direitos difusos "os transindividuais, de natureza indivisível, de que sejam titulares pessoas indeterminadas e ligadas por circunstâncias de fato", de forma que da conceituação legal, extraem-se as características dos direitos difusos,

---

[163] BRASIL. STF – Tribunal Pleno. ADI-MC nº 3540/DF, Rel. Min. Celso de Mello, *DJU* 03 fev. 2006, p. 14.

quais sejam: a) titulares indeterminados; b) objeto indivisível; e c) elo fático entre os titulares.

Hugo Nigro Mazzilli relaciona as principais distinções entre os direitos difusos, coletivos e individuais homogêneos num elucidativo quadro sinótico, abaixo apontado:

Interesses	Grupo	Objeto	Origem
Difusos	Indeterminável	Indivisível	Situação de fato
Coletivos	Determinável	Indivisível	Relação jurídica
Ind. homog.	Determinável	Divisível	Origem comum

Fonte: MAZZILLI. *A defesa dos interesses difusos em juízo*: meio ambiente, consumidor, patrimônio cultural, patrimônio público e outros interesses, p. 58.

A proteção ao meio ambiente, portanto, revela-se autêntico direito fundamental de terceira dimensão e de natureza difusa, uma vez que os titulares do direito ao meio ambiente ecologicamente equilibrado são indetermináveis. O objeto do direito é indivisível porque compartilhado por um número indefinido de pessoas, na mesma medida de qualidade e quantidade,[164] e os titulares do direito ao meio ambiente estão ligados entre si por um laço fático.

2.4 Internacionalização do direito humano ao meio ambiente sadio

Com o fim da Segunda Guerra Mundial e o fim do nazismo, tem-se a emergência do processo de valorização da dignidade da pessoa humana e, por via de consequência, a reconstrução dos direitos humanos, como paradigma e referencial ético a orientar a ordem internacional,[165] cujas expressões máximas foram a Declaração Universal dos Direitos Humanos de 1948, o Pacto Internacional dos Direitos Civis e Políticos e o Pacto Internacional dos Direitos Econômicos, Sociais e Culturais.

A visão inicial do direito internacional dos direitos humanos era totalmente antropocêntrica porque não havia qualquer preocupação com a proteção do meio ambiente. Após a Segunda Guerra Mundial, porém,

---

[164] O dano ao meio ambiente será o mesmo para todos os titulares porque não pode ser individualizado.

[165] PIOVESAN. *Direitos humanos e justiça internacional*: um estudo comparativo dos sistemas regionais europeu, interamericano e africano, p. 37.

a globalização, o desenvolvimento econômico e o avanço tecnológico intensificaram o processo de degradação da biosfera de forma irresistível, colocando em risco o equilíbrio ecológico e, com isso, a existência da humanidade e da vida no planeta,[166] ensejando, a partir dos anos de 1970, uma mudança de percepção da relação do homem com a natureza. Essa mudança trouxe consigo o surgimento dos movimentos verdes, que ajudaram a discutir mundialmente o problema do crescimento econômico ilimitado inerente ao capitalismo, cujo ponto máximo foi a Conferência sobre o Meio Ambiente Humano realizada em Estocolmo em 1972.

O regime de proteção internacional do meio ambiente tem, assim, a sua origem não no direito dos tratados, mas em conferências internacionais e em documentos de *soft law*, uma vez que a questão ambiental não estava na pauta dos interesses econômicos e políticos dos Estados, mas era sim objeto das preocupações científicas com o futuro da humanidade.[167]

O processo de internacionalização da proteção do meio ambiente pode ser dividido em três fases: a) uma fase anterior à Conferência sobre Meio Ambiente Humano de 1972, marcada pelo surgimento dos diversos movimentos preservacionistas e a conscientização global do problema ambiental; b) uma segunda fase que compreende o período entre a Conferência de Estocolmo de 1972 e a Conferência do Rio de Janeiro sobre Meio Ambiente e Desenvolvimento de 1992, caracterizada pela preocupação setorial e fracionada do meio ambiente, com tratados específicos de proteção do mar, flora, fauna e ar; c) uma terceira fase, cujo marco temporal é a Conferência do Rio sobre Meio Ambiente e Desenvolvimento aos dias atuais, marcada pela proteção transetorial do meio ambiente e novas modalidades de governança ambiental.[168]

O direito humano ao meio ambiente sadio foi formulado pela primeira vez na segunda fase do processo de internacionalização da proteção da natureza, com a Declaração sobre o Meio Ambiente Humano, adotada pela Conferência das Nações Unidas sobre o Meio Ambiente, realizada em Estocolmo no ano de 1972.

Aliás, a Declaração de Estocolmo serve de paradigma e referencial ético à sociedade internacional, no que se refere à proteção internacional do meio ambiente como direito humano.[169] A propósito o Princípio 1 da Declaração de Estocolmo de 1972 afirma:

---

[166] MORIN. *A via para o futuro da humanidade*, p. 101.

[167] BOSSELMANN. *Estado socioambiental e direitos fundamentais*, p. 77.

[168] FONSECA. *Revista Brasileira de Política Internacional*.

[169] SCHMIDT. Revista Unoesc & Ciência – ACSA, p. 73.

O homem tem o direito fundamental à liberdade, à igualdade e ao desfrute de condições de vida adequadas em um meio ambiente de qualidade tal que lhe permita levar uma vida digna e gozar de bem-estar, tendo a solene obrigação de proteger e melhorar o meio ambiente para as gerações presentes e futuras.

A Declaração de Estocolmo de 1972 influenciou o reconhecimento do direito ao meio ambiente ecologicamente equilibrado como um direito humano entre os direitos sociais do homem por diversas Constituições nacionais, tratados internacionais de direitos humanos e instrumentos de soft law,[170] dentre os quais podem ser citados o art. 11 do Protocolo Adicional à Convenção Americana sobre Direitos Humanos em Matéria de Direitos Econômicos, Sociais e Culturais (Protocolo de San Salvador) e a Declaração do Rio de Janeiro sobre Meio Ambiente e Desenvolvimento de 1992. Isso porque a proteção da natureza, em todos os seus aspectos relativos à vida humana, tem por finalidade tutelar o meio ambiente em decorrência do direito à sadia qualidade de vida, em todos os seus desdobramentos, sendo considerada uma das dimensões dos direitos humanos, já que "danos ambientais podem causar violações de direitos humanos de populações inteiras".[171]

A propósito, Klaus Bosselmann sustenta que:

[...] os direitos humanos e o meio ambiente estão inseparavelmente interligados. Sem os direitos humanos, a proteção ambiental não poderia ter um cumprimento eficaz. Da mesma forma, sem a inclusão do meio ambiente, os direitos humanos correriam o perigo de perder sua função central, qual seja, a proteção da vida humana, de seu bem-estar e de sua integridade.[172]

É induvidoso o reconhecimento da existência de um específico direito humano ao meio ambiente sadio. Aliás, o Protocolo Adicional à Convenção Americana sobre Direitos Humanos em Matéria de Direitos Econômicos, Sociais e Culturais (Protocolo de San Salvador) positivou, expressamente, no art. 11, o direito humano ao meio ambiente sadio:

1. Toda pessoa tem direito a viver em meio ambiente sadio e a contar com os serviços públicos básicos.

---

[170] BOSSELMANN. Estado socioambiental e direitos fundamentais, p. 85.
[171] BOSSELMANN. Estado socioambiental e direitos fundamentais, p. 83.
[172] BOSSELMANN. Estado socioambiental e direitos fundamentais, p. 91.

2. Os Estados Partes promoverão a proteção, preservação e melhoramento do meio ambiente.

Do mesmo modo, a Carta Africana dos Direitos Humanos e dos Povos consagrou, em seu art. 24, o direito humano ao meio ambiente ecologicamente equilibrado, aduzindo que "todos os povos têm direito a um meio ambiente geral satisfatório, propício ao desenvolvimento". Tal dispositivo convencional tem extrema importância porque demonstra que a Carta de Banjul abraçou a concepção de desenvolvimento sustentável, na medida em que reconhece o direito ao desenvolvimento e exige, ao mesmo tempo, respeito à natureza.

Ademais, além da consagração de um específico direito humano ao meio ambiente sadio, verifica-se também a estreita relação entre o meio ambiente e a realização dos demais direitos humanos, uma vez que a degradação ambiental pode provocar a violação, por exemplo, dos direitos à vida, à saúde, à moradia digna, à alimentação ou ao desenvolvimento sustentável.[173] Nesse sentido ensina Alberto do Amaral Júnior:

> O direito ao meio ambiente sadio contribui para a realização dos demais direitos humanos e favorece a igualdade ou, ao menos, contribui para reduzir as desigualdades materiais entre cidadãos, cria um meio ambiente equilibrado e acrescenta nova dimensão aos direitos já reconhecidos. Aponta tanto para a satisfação de necessidades vitais quanto para princípios morais sobre a igualdade e o valor do ser humano. As necessidades vitais são condições indispensáveis para um nível de vida decente, o que não pode ser definido de forma precisa, porque as necessidades mudam em função dos valores que os diferentes grupos sociais compartilham. Paralelamente, os princípios de igualdade e dignidade dos seres humanos devem ter força moral e política para orientar as reformas sociais.[174]

A Resolução nº 44/228 da Assembleia-Geral da Organização das Nações Unidas, aprovada em 22 de dezembro de 1989, que convocou a Conferência das Nações Unidas sobre Meio Ambiente e Desenvolvimento, ocorrida no Rio de Janeiro em 1992, reconhece a inter-relação e interdependência do direito ao meio ambiente sadio com os direitos civis e políticos e os demais econômicos, sociais e culturais, pois vincula a proteção da natureza à melhoria da qualidade de vida e à proteção da saúde humana.

---

[173] Review of Further Developments in Fields with which the Sub-commission has been Concerned: human rights and the environment, E/CN.4/Sub.2/1994/9, 6.7.1994.

[174] JÚNIOR. *Comércio internacional e proteção do meio ambiente*, p. 65-66.

Nessa perspectiva, cumpre observar que o direito à vida não se restringe à proteção da vida meramente biológica, mas a vida com dignidade, o que o faz englobar o exercício pleno dos direitos civis, políticos, econômicos, sociais e culturais por todos os seres humanos e coletividades, revelando-se, dessa forma, que o direito ao meio ambiente sadio é uma nítida extensão do direito à vida.[175]

Com efeito, os seres humanos e os demais elementos da natureza são partes interconectadas e interdependentes de um único sistema, de um todo só, da teia da vida.[176] Não se pode negar que "somos filhos da Terra, filhos da Vida, filhos do Cosmo" e que o "pequeno planeta perdido denominado Terra é o nosso lar – home, Heimat; que ele é nossa mátria, nossa Terra-Pátria".[177] Assim, qualquer dano aos elementos não humanos da natureza afeta necessariamente os outros componentes do sistema, quais sejam, os seres humanos, porque, repita-se, os homens e a natureza estão interligados e são interdependentes.

Aliás, Ulrich Beck ressalta claramente que a natureza não pode mais ser concebida sem o ser humano e o ser humano não mais sem a natureza, uma vez que com a sociedade de risco, os "problemas ambientais não são problemas do meio ambiente, mas problemas completamente — na origem e no resultado — sociais, problemas do ser humano, de sua história, de suas condições de vida, de sua relação com o mundo e com a realidade".[178]

A efetividade do direito humano ao meio sadio está, portanto, condicionada ao equilíbrio entre todos os elementos que compõem o sistema, Gaia. Assim, a harmonia e a sanidade entre os seres humanos, comunidades, ecossistemas e biosfera "hão de ser buscadas intensamente pelo Poder Público, pela coletividade e por todas as pessoas".[179]

Apesar da solene proclamação do direito ao meio ambiente sadio como autêntico e específico direito humano, as violações do mencionado direito não se sujeitam diretamente à jurisdição internacional da Organização das Nações Unidas e das organizações regionais.

---

[175] CANÇADO TRINDADE. *Direitos humanos e meio ambiente*: paralelo dos sistemas de proteção internacional, p. 179-180.

[176] CAPRA. *A teia da vida*: uma nova compreensão científica dos sistemas vivos, p. 28-29.

[177] MORIN. *A via para o futuro da humanidade*, p. 104.

[178] BECK. *Sociedade de risco*: rumo a uma outra modernidade, p. 99.

[179] MACHADO. *Direito ambiental brasileiro*, p. 154.

Contudo, a vinculação entre a natureza e os direitos humanos permite a proteção do meio ambiente por via interpretativa ou reflexa, isto é, mesmo diante da impossibilidade da natureza ser protegida diretamente nos sistemas global e regionais de proteção dos direitos humanos, é possível a tutela judicial internacional do meio ambiente sempre que os casos de degradação ambiental importarem violação de direitos civis e políticos.[180]

Portanto, a proteção do direito humano ao meio ambiente sadio pode ser demandada no âmbito tanto da jurisdição internacional do sistema interamericano de direitos humanos, como da jurisdição interna da República Federativa do Brasil.

---

[180] TEIXEIRA. *O greening no sistema interamericano de direitos humanos*, p. 106.

CAPÍTULO 3

DIREITO FUNDAMENTAL AO MEIO AMBIENTE SADIO NA CONSTITUIÇÃO FEDERAL DE 1988

A Constituição Federal reservou inteiramente o Título II aos Direitos e Garantias Fundamentais, nele consagrando um leque amplo e extenso de direitos fundamentais do ser humano, classificando-os em cinco espécies: a) direitos e deveres individuais; b) direitos e deveres coletivos; c) direitos sociais; d) direitos à nacionalidade e e) direitos políticos.

No entanto, o rol do referido Título II da Carta Magna não é taxativo, mas meramente exemplificativo porque o art. 5º, §2º, da própria Constituição Federal ressalva que "os direitos e garantias expressos nesta Constituição não excluem outros decorrentes do regime e dos princípios por ela adotados, ou dos tratados internacionais em que a República Federativa do Brasil seja parte".

Os direitos fundamentais não são apenas aqueles consagrados e reconhecidos formalmente na Constituição, pois, como acima referido, a Carta Magna admite a existência de outros direitos fundamentais não inseridos no rol do Título II, reconhecendo, destarte, a existência dos chamados direitos materialmente fundamentais.

Os direitos fundamentais podem ser classificados em: direitos formalmente fundamentais e direitos materialmente fundamentais. Serão formalmente fundamentais os direitos expressamente incorporados no catálogo dos direitos fundamentais da Constituição.

Por sua vez, os direitos materialmente fundamentais poderão ser identificados a partir do conceito aberto de direitos fundamentais adotado pelo art. 5º, §2º, da Constituição Federal, pois possibilita o reconhecimento de direitos fundamentais positivados em outras partes do texto constitucional ou em tratados internacionais e até mesmo na identificação de direitos fundamentais não escritos ou implícitos na Constituição, que sejam decorrentes do regime e princípios por ela adotados.[181]

O Supremo Tribunal Federal já se pronunciou no sentido de que os direitos fundamentais individuais e coletivos não se restringem ao catálogo do art. 5º da Constituição Federal, podendo ser encontrados em outras partes do texto constitucional, conforme se depreende do julgado abaixo:

> Direito Constitucional e Tributário. Ação Direta de Inconstitucionalidade de Emenda Constitucional e de Lei Complementar. I.P.M.F. Imposto Provisório sobre a Movimentação ou a Transmissão de Valores e de Créditos e Direitos de Natureza Financeira - I.P.M.F. Artigos 5., par. 2., 60, par. 4., incisos I e IV, 150, incisos III, "b", e VI, "a", "b", "c" e "d", da Constituição Federal. 1. Uma Emenda Constitucional, emanada, portanto, de Constituinte derivada, incidindo em violação a Constituição originária, pode ser declarada inconstitucional, pelo Supremo Tribunal Federal, cuja função precípua é de guarda da Constituição (art. 102, I, "a", da C.F.). 2. *A Emenda Constitucional n. 3, de 17.03.1993, que, no art. 2., autorizou a União a instituir o I.P.M.F., incidiu em vício de inconstitucionalidade, ao dispor, no parágrafo 2. desse dispositivo, que, quanto a tal tributo, não se aplica "o art. 150, III, "b" e VI", da Constituição, porque, desse modo, violou os seguintes princípios e normas imutáveis (somente eles, não outros): 1. - o princípio da anterioridade, que é garantia individual do contribuinte (art. 5., par. 2., art. 60, par. 4., inciso IV e art. 150, III, "b" da Constituição);* 2. - o princípio da imunidade tributária recíproca (que veda à União, aos Estados, ao Distrito Federal e aos Municípios a instituição de impostos sobre o patrimônio, rendas ou serviços uns dos outros) e que é garantia da Federação (art. 60, par. 4., inciso I, e art. 150, VI, "a", da C.F.); 3. - a norma que, estabelecendo outras imunidades impede a criação de impostos (art. 150, III) sobre: "b"): templos de qualquer culto; "c"): patrimônio, renda ou serviços dos partidos políticos, inclusive suas

---

[181] SARLET. *A eficácia dos direitos fundamentais*, p. 85.

fundações, das entidades sindicais dos trabalhadores, das instituições de educação e de assistência social, sem fins lucrativos, atendidos os requisitos da lei; e "d"): livros, jornais, periódicos e o papel destinado a sua impressão; 3. Em conseqüência, é inconstitucional, também, a Lei Complementar n. 77, de 13.07.1993, sem redução de textos, nos pontos em que determinou a incidência do tributo no mesmo ano (art. 28) e deixou de reconhecer as imunidades previstas no art. 150, VI, "a", "b", "c" e "d" da C.F. (arts. 3., 4. e 8. do mesmo diploma, L.C. n. 77/93). 4. Ação Direta de Inconstitucionalidade julgada procedente, em parte, para tais fins, por maioria, nos termos do voto do Relator, mantida, com relação a todos os contribuintes, em caráter definitivo, a medida cautelar, que suspendera a cobrança do tributo no ano de 1993.[182] (grifos nossos)

A identificação e a caracterização de um direito materialmente dotado de fundamentalidade não são tarefas fáceis para o intérprete e aplicador do direito, pois não decorrem apenas da simples leitura do Texto Constitucional, na medida em que poderão, como visto alhures, existir outros direitos fundamentais dispersos no corpo da Constituição, positivados em tratados internacionais ou consagrados em princípios não assentados na Carta Magna.

A definição de direito fundamental, proposta por Ingo Wolfgang Sarlet, permite ao intérprete a identificação e, consequentemente, a efetivação e a proteção de direitos fundamentais exclusivamente materiais, isto é, não consagrados expressamente no catálogo do Título II da Constituição Federal. A propósito:

> Direitos fundamentais são, portanto, todas aquelas posições jurídicas concernentes às pessoas, que, do ponto de vista do direito constitucional positivo, foram, por seu conteúdo e importância (fundamentalidade em sentido material), integradas ao texto da Constituição e, portanto, retiradas da esfera de disponibilidade dos poderes constituídos (fundamentalidade formal), bem como as que, por seu conteúdo e significado, possam lhes ser equiparados, agregando-se à Constituição material, tendo, ou não, assento na Constituição formal (aqui considerada a abertura material do Catálogo).[183]

Assim, reconhecem-se direitos que, apesar de não consagrados formalmente no rol do Título II da Constituição Federal, por

---

[182] BRASIL. Supremo Tribunal Federal – Tribunal Pleno, ADI nº 939/DF, Rel. Min. Sydney Sanches, *DJU* 18 mar. 1994, p. 5165.

[183] SARLET. *A eficácia dos direitos fundamentais*, p. 91.

seu conteúdo, importância e significado, podem ser considerados fundamentais e, por isso mesmo, inseridos na Carta Constitucional, produzindo todos os efeitos jurídicos como se direitos formalmente fundamentais fossem.

A dignidade da pessoa humana não é, ela mesma, um direito fundamental,[184] mas, enquanto princípio estruturante e fundamental do Estado brasileiro, é a fonte e o fundamento dos direitos fundamentais e dos direitos humanos,[185] atuando, portanto, como critério de identificação de direitos materialmente fundamentais eventualmente existentes na ordem jurídica do Brasil.

O direito ao meio ambiente sadio passou a ser reconhecido como direito fundamental da pessoa humana pela Declaração de Estocolmo, adotada pela Conferência das Nações Unidas sobre Meio Ambiente, realizada em junho de 1972 na Cidade de Estocolmo.

De fato, consta do Princípio 01 da referida Declaração, *in verbis*:

> 1 - *O homem tem o direito fundamental* à *liberdade*, à *igualdade e ao desfrute de condições de vida adequadas, em um meio ambiente de qualidade tal que lhe permita levar uma vida digna, gozar de bem-estar e é portador solene de obrigação de proteger e melhorar o meio ambiente, para as gerações presentes e futuras*. A esse respeito, as políticas que promovem ou perpetuam o "apartheid", a segregação racial, a discriminação, a opressão colonial e outras formas de opressão e de dominação estrangeira permanecem condenadas e devem ser eliminadas. (grifos nossos)

Além do Princípio 01 acima exposto, merecem destaque os Princípios 02, 03 e 05 da referida Conferência das Nações Unidas, considerada extensão da Declaração Universal dos Direitos do Homem, pois corroboram a fundamentalidade do direito ao meio ambiente sadio. Veja-se:

> Princípio 2 – Os recursos naturais da Terra inclusos o ar, a água, a terra, a flora e a fauna e especialmente as amostras representativas dos ecossistemas naturais devem ser preservados em benefício das gerações presentes e futuras, mediante uma cuidadosa planificação ou regulamentação segundo seja mais conveniente.
>
> Princípio 3 – Deve ser mantida e, sempre que possível, restaurada ou melhorada a capacidade da terra para produzir recursos vitais renováveis.

---

[184] SARLET. Dignidade da pessoa humana e direitos fundamentais na Constituição Federal de 1988, p. 84.

[185] SARLET. Dignidade da pessoa humana e direitos fundamentais na Constituição Federal de 1988, p. 95.

Princípio 5 – Os recursos renováveis da terra devem ser empregados de maneira a se evitar o perigo de seu esgotamento e a se assegurar a toda humanidade a participação nos benefícios de tal emprego.

A Constituição Federal de 1988, inspirando-se nos documentos internacionais de proteção ao meio ambiente, em especial na Declaração de Estocolmo de 1972 e na Declaração do Rio de Janeiro de 1992, alçou o direito ao meio ambiente à categoria de direito fundamental do homem, cujo art. 225 assim preceitua:

> Todos têm direito ao meio ambiente ecologicamente equilibrado, bem de uso comum do povo e essencial a sadia qualidade de vida, impondo-se ao Poder Público e à coletividade o dever de defendê-lo e preservá-lo para as presentes e futuras gerações.

A leitura do artigo transcrito revela a sua estreita vinculação com o artigo 5.º da Constituição Federal, uma vez que este estabelece como garantia fundamental do ser humano não somente o direito à vida biológica, bem maior que merece ampla proteção do Estado, mas à vida com dignidade.

A dignidade da pessoa humana tem uma dimensão ecológica, que alberga a qualidade de vida e a higidez do ambiente em que a vida, humana e não humana, desenvolve-se, ou seja, a qualidade de vida é elemento normativo integrante do princípio da dignidade da pessoa humana.[186] Desse modo, faz-se mister a existência de um ambiente equilibrado e seguro para que existam condições bióticas e abióticas favoráveis ao desenvolvimento pleno da vida com qualidade e, consequentemente, com dignidade.

A preservação ambiental é condição *sine qua non* para a sadia qualidade de vida, uma vez que "a sadia qualidade de vida só pode ser conseguida e mantida se o meio ambiente estiver ecologicamente equilibrado. Ter uma sadia qualidade de vida é ter um meio ambiente não poluído".[187]

O direito ao meio ambiente sadio está diretamente fulcrado no princípio da dignidade da pessoa humana porque essencial à sadia qualidade de vida e à própria existência humana. Não há que se falar em dignidade humana, se não houver um ambiente favorável ao bem-estar, à saúde e à

---

[186] SARLET; FENSTERSEIFER. *Direito constitucional ambiental*: Constituição, direitos fundamentais e proteção do ambiente, p. 89.

[187] MACHADO. *Direito ambiental brasileiro*, p. 155.

vida humana, isto é, que proporcione ao homem uma sadia qualidade de vida. Assim não se pode negar a fundamentalidade material do direito ao meio ambiente sadio.

Com efeito, apesar de "a sadia qualidade de vida não está explicitamente inserida no art. 5º da CF, no entanto, trata-se de um direito fundamental a ser alcançado pelo Poder Público e pela coletividade".[188]

A configuração do direito ao meio ambiente sadio como direito fundamental tem como justificativa viabilizar sua utilização como instrumento de consagração do direito à vida,[189] uma vez que a Constituição Federal protege, repita-se, não somente a vida biológica, mas também a vida com dignidade. E não há que se falar em dignidade diante de um meio ambiente ecologicamente desequilibrado, na medida em que tal situação afeta diretamente a vida, a saúde e o bem-estar da população.

A propósito, Edis Milaré ensina que:

> O reconhecimento do direito a um meio ambiente sadio configura-se, na verdade, como extensão do direito à vida, quer sob o enfoque da própria existência física e saúde dos seres humanos, quer quanto ao aspecto da dignidade dessa existência — a qualidade de vida —, que faz com que valha a pena viver.[190]

Em suma: só há respeito à dignidade humana, se houver qualidade de vida, o que pressupõe, necessariamente, um meio ambiente ecologicamente equilibrado e sadio. E nesse contexto, pode-se afirmar que direito ao meio ambiente sadio é um direito humano e um direito fundamental.

E o direito fundamental e humano ao meio ambiente sadio está inserido no âmbito de proteção do mínimo existencial?

Segundo Ricardo Lobo Torres, "há um direito às condições mínimas de existência humana digna que não pode ser objeto de intervenção do Estado na via dos tributos (= imunidade) e que ainda exige prestações estatais positivas"[191] e "só os direitos da pessoa humana, referidos a sua existência em condições dignas, compõem o mínimo existencial".[192]

---

[188] SIRVINSKAS. *Manual de direito ambiental*, p. 43.

[189] TESSLER. *Tutelas jurisdicionais do meio ambiente*: tutela inibitória, tutela de remoção, tutela do ressarcimento da forma específica, p. 77.

[190] MILARÉ. *Direito do ambiente*, p. 258.

[191] TORRES. *O direito ao mínimo existencial*, p. 35.

[192] TORRES. *O direito ao mínimo existencial*, p. 36.

CAPÍTULO 3
DIREITO FUNDAMENTAL AO MEIO AMBIENTE SADIO NA CONSTITUIÇÃO FEDERAL DE 1988

101

No que pese a doutrina brasileira indicar alguns direitos que compõem o mínimo existencial, a exemplo da saúde, educação fundamental, assistência social, moradia e acesso à Justiça,[193] verdade é que não existe um conteúdo certo, determinado e específico do mínimo existencial, uma vez que "todas as prestações indispensáveis à promoção, proteção e fruição de uma vida digna (que podem variar de acordo com as circunstâncias) necessariamente compõem o mínimo existencial".[194]

O conteúdo do mínimo existencial deve ser formulado e reformulado a partir das novas realidades da sociedade, de modo a permitir que novos direitos sejam incorporados ao seu conteúdo e, com isso, salvaguardar a dignidade da pessoa humana.[195]

Neste contexto, o direito ao meio ambiente sadio, enquanto direito essencial à qualidade de vida, compõe necessariamente o núcleo da dignidade da pessoa humana, integrando, assim, o conteúdo do mínimo existencial,[196] uma vez que somente será possível assegurar a dignidade humana, se estiver garantido o direito a uma vida saudável.[197]

O conteúdo do mínimo existencial não pode mais ficar restrito à esfera dos direitos sociais, devendo compreender também um patamar mínimo de qualidade ambiental. A propósito, Ingo Wolfgang Sarlet e Tiago Fensterseifer lecionam que:

> Em sintonia com a noção de necessidades humanas básicas, na perspectiva das presentes e futuras gerações, coloca-se também a reflexão acerca da exigência de um patamar mínimo de qualidade (e segurança) ambiental, sem o qual a dignidade humana (e, para além desta, a dignidade da vida em termos gerais) estaria sendo violada no seu núcleo essencial. O âmbito de proteção do direito à vida, diante do quadro de riscos ambientais contemporâneos, para atender ao padrão de dignidade (e também salubridade) assegurado constitucionalmente, deve ser ampliado no sentido de abarcar a dimensão ambiental no seu quadrante normativo. Registra-se que a vida é condição elementar para o exercício da dignidade humana, embora essa não se limite àquela, uma vez que a dignidade não se resume a questões existenciais de natureza

---

[193] CAMARGO. *Leituras Complementares de Constitucional*, p. 124-125; BARCELLOS. *A eficácia jurídica dos princípios constitucionais*: o princípio da dignidade na pessoa humana, p. 288.

[194] SARLET. *A eficácia dos direitos fundamentais*, p. 374.

[195] SARLET; FENSTERSEIFER. *Direito constitucional ambiental*: Constituição, direitos fundamentais e proteção do ambiente, p. 118.

[196] FENSTERSEIFER. *Direitos fundamentais e proteção do ambiente*: a dimensão ecológica da dignidade humana no marco jurídico-constitucional do Estado Socioambiental de Direito, p. 281.

[197] SARLET. *A eficácia dos direitos fundamentais*, p. 572.

meramente biológica ou física, mas exige a proteção da existência humana de forma mais abrangente (em termos físico, psíquico, social, cultural, político, ecológico etc.). De tal sorte, impõe-se a conjugação de direitos sociais e dos direitos ambientais para efeitos de identificação dos patamares necessários de tutela da dignidade humana, no sentido do reconhecimento de um direito-garantia do mínimo existencial socioambiental [...].[198]

O mínimo existencial objetiva a realização da vida com dignidade, o que pressupõe a inserção da qualidade ambiental no conteúdo de seu âmbito de proteção. De fato, para a sua realização não é suficiente a garantia da mera existência biológica, mas da vida com bem-estar social e com qualidade ambiental. Afinal, a dignidade da pessoa humana somente será respeitada onde estiver assegurada a todos uma vida saudável, o que demanda necessariamente a qualidade, o equilíbrio e a segurança do meio ambiente em que a vida, humana e não humana, se desenvolve.[199]

Ademais, o direito ao meio ambiente sadio insere-se no conteúdo mínimo existencial, não somente porque não há como conceber uma existência digna num meio ambiente desequilibrado, mas também porque a degradação da qualidade ambiental coloca em risco a própria existência humana.

Com efeito, os seres humanos e os demais elementos da natureza são partes interconectadas e interdependentes de um único sistema, de um todo só, da teia da vida.[200] Assim, como já ressaltado, qualquer dano aos elementos não humanos da natureza afeta necessariamente os outros componentes do sistema, quais sejam, os seres humanos porque, repita-se, os homens e a natureza estão interligados e são interdependentes.

A efetividade do direito humano ao meio sadio está, portanto, condicionada ao equilíbrio entre todos os elementos que compõem a natureza. Assim, a harmonia e a sanidade entre os seres humanos, comunidades, ecossistemas e biosfera "hão de ser buscadas intensamente pelo Poder Público, pela coletividade e por todas as pessoas",[201] como condição da qualidade de vida e da existência humana.

---

[198] SARLET; FENSTERSEIFER. *Direito constitucional ambiental*: Constituição, direitos fundamentais e proteção do ambiente, p. 116.

[199] SARLET; FENSTERSEIFER. *Direito constitucional ambiental*: Constituição, direitos fundamentais e proteção do ambiente, p. 118.

[200] CAPRA. *A teia da vida*: uma nova compreensão científica dos sistemas vivos, p. 28-29.

[201] MACHADO. *Direito ambiental brasileiro*, p. 154.

O art. 225 da Constituição Federal assegura a proteção ao meio ambiente como direito fundamental do homem porque se faz necessário um meio ambiente ecologicamente equilibrado para o desfrute de uma saudável e adequada condição de vida.

O direito à vida somente será viabilizado se houver condições favoráveis ao desenvolvimento da própria vida, pois é do meio ambiente que o homem retira o ar que respira, a água que consome e a comida que o sacia, motivo pelo qual a proteção e a promoção desse meio são condição *sine qua non* para a existência física e digna do ser humano.

Nessa linha, Carlos Alberto Molinaro também expressa a ideia de que o meio ambiente ecologicamente equilibrado faz-se necessário para garantir uma existência digna ao ser humano. A propósito:

> Num Estado Socioambiental e Democrático de Direito, o princípio nuclear tem sede no direito fundamental à vida e a manutenção das bases que a sustentam, o que só se pode dar num ambiente equilibrado e saudável, onde vai concretizar-se, em sua plenitude, dignidade humana.[202]

Ora, equilíbrio ecológico, vida e saúde humana se relacionam diretamente, na medida em que a falta de políticas públicas ambientais, em especial em saneamento ambiental,[203] propiciam a propagação e perpetuação de doenças, afetando enormemente a qualidade de vida das pessoas, conforme se depreende da lição de José Daltro Filho:

> A presença constante das doenças e de poluição ambiental em uma comunidade é a razão maior para que as ações de saneamento sejam contínuas. Para a minimização ou erradicação das doenças oriundas da falta de saneamento, diversas ações de saúde pública e de preservação ambiental, devem ser implementadas através de obras de engenharia.[204]

Enfim, o direito ao meio ambiente sadio é direito humano de terceira dimensão, inserto no conteúdo do mínimo existencial porque a proteção da natureza está diretamente vinculada não só à tutela da

---

[202] MOLINARO. *Direito ambiental*: proibição de retrocesso, p. 104.

[203] FILHO. *Saneamento ambiental*: doença, saúde e o saneamento da água, p. 22-23. O autor conceitua saneamento ambiental como sendo "o conjunto de ações para promover e assegurar condições de bem-estar e segurança a uma população, através de sistemas de esgoto, de abastecimento de água, de coleta e disposição final do lixo, de drenagem das águas e do controle tanto da poluição do ar como da produção de ruídos".

[204] FILHO. *Saneamento ambiental*: doença, saúde e o saneamento da água, p. 27.

vida biológica da pessoa humana, mas particularmente à tutela da vida da pessoa humana com qualidade e dignidade.[205]

3.1 Dever fundamental do Estado de promover e proteger o direito ao meio ambiente sadio

No Estado liberal do século XIX, a lei era a fonte hegemônica do Direito e passou a ser o instrumento utilizado para aplicar e interpretar a Constituição, limitar o poder estatal e manifestar a vontade popular,[206] de maneira que o pensamento jurídico vigente até primeira metade do século XX, o positivismo jurídico, fundava-se na ideia da observância "cega" da lei, afastando do Direito a filosofia, os princípios, os valores e o sentido de Justiça.[207]

Nesse cenário, tem-se a ascensão do fascismo ao poder, na Itália, e do nazismo, na Alemanha, que retiravam da "lei" o fundamento de validade das atrocidades praticadas contra negros, ciganos, homossexuais e, notadamente, judeus durante a Segunda Guerra Mundial.

As concepções da infalibilidade do legislador, da lei como fonte única do Direito e de um ordenamento jurídico indiferente a valores éticos promoveram o fracasso político do positivismo jurídico porque já não mais se aceitava, no pensamento jurídico do pós-guerra, tais ideias.[208]

Por essa razão, o constitucionalismo mundial sofreu grandes e profundas transformações, após a Segunda Guerra Mundial, com o surgimento do pós-positivismo e do neoconstitucionalismo.[209]

O pós-positivismo promoveu o rompimento da separação do ser e do dever ser defendido pelo positivismo jurídico com a reaproximação entre o Direito e a ética e entre o Direito e a moral, exigindo-se, agora, uma leitura social, humana e moral do Direito, isto é, vai-se além da estrita legalidade, mas não se descuida do direito posto.[210]

---

[205] FIORILLO. *Princípios do direito processual ambiental*, p. 37.

[206] MÖLLER. *Teoria geral do neoconstitucionalismo*: bases teóricas do constitucionalismo contemporâneo, p. 24.

[207] BARROSO. *Curso de direito constitucional contemporâneo*: os conceitos fundamentais e a construção do novo modelo, p. 262.

[208] BARROSO. *Curso de direito constitucional contemporâneo*: os conceitos fundamentais e a construção do novo modelo, p. 264.

[209] Alguns autores se referem aos termos "constitucionalismo contemporâneo" ou "pós-positivismo" como sinônimos de "neoconstitucionalismo".

[210] BARROSO. *Curso de direito constitucional contemporâneo*: os conceitos fundamentais e a construção do novo modelo, p. 270-272.

"O novo direito constitucional, ou neoconstitucionalismo, é, em parte, produto desse reencontro entre a ciência jurídica e a filosofia do Direito",[211] cujos valores éticos vigentes na sociedade são positivados, expressa ou implicitamente, na Constituição na forma de princípios.

O neoconstitucionalismo é caracterizado por diversas mudanças quanto à aplicação do Direito, especialmente: a) o reconhecimento da força normativa da Constituição; b) a centralidade constitucional, isto é, os demais ramos do Direito devem ser compreendidos e interpretados a partir da Constituição; c) a superioridade da Constituição e d) a proclamação de direitos fundamentais calcados na dignidade da pessoa humana.[212]

A propósito, Max Möller ensina que:

> Em resumo, o neoconstitucionalismo como ideologia apresenta-se como o movimento jurídico de oposição à lógica do Estado decimonônico, onde imperava o legalismo, o culto à lei e a concepção da atividade mecânica de aplicação da lei. Exerce papel decisivo na proposição de uma nova forma de encarar a constituição, já não mais como mero limitador formal do poder, mas como verdadeira norma jurídica, apta a impor deveres e obrigações, tanto ao poder público como aos particulares, porquanto documento jurídico de maior hierarquia nos sistemas jurídicos.[213]

Uma das grandes mudanças de paradigma, ocorridas na segunda metade do século XX foi o reconhecimento da força normativa da Constituição. Nessa época, o professor alemão Konrad Hesse assentou que "a Constituição jurídica logra converter-se, ela mesma, em força ativa, que se assenta na natureza singular do presente (individuelle Beschffenheit der Gegenwart). Embora a Constituição não possa, por si só, realizar nada, ela pode impor tarefas".[214]

A Constituição é, indiscutivelmente, uma norma jurídica e, como tal, dotada de imperatividade. Não se trata de mero documento político, de um simples convite ao administrador público a empreender as políticas públicas nela consagradas, cuja concretização fica ao alvedrio, ou melhor, sob a discricionariedade do chefe do Poder Executivo.

Nesse sentido, Luís Roberto Barroso ressalta:

---

[211] BARROSO. *Curso de direito constitucional contemporâneo*: os conceitos fundamentais e a construção do novo modelo, p. 272.

[212] BARCELLOS. *Leituras complementares de constitucional*: direitos fundamentais, p. 44-45.

[213] MÖLLER. *Teoria geral do neoconstitucionalismo*: bases teóricas do constitucionalismo contemporâneo, p. 26.

[214] HESSE. *A força normativa da Constituição*, p. 19.

Atualmente, passou a ser premissa do estudo da Constituição o reconhecimento de sua força normativa, do caráter vinculativo e obrigatório de suas disposições. Vale dizer: as normas constitucionais são dotadas de imperatividade, que é atributo de todas as normas jurídicas, e sua inobservância há de deflagrar os mecanismos próprios de coação, de cumprimento forçado.[215]

Não mais se discute, portanto, a força normativa da Constituição. A Carta Magna é norma jurídica, dotada de imperatividade e que, por isso mesmo, seus preceitos são obrigatórios e vinculativos. Enfim, "a Constituição é norma jurídica central no sistema e vincula a todos dentro do Estado, sobretudo os Poderes Públicos".[216]

A Constituição Federal consagra, como já exposto, o direito fundamental ao meio ambiente ecologicamente equilibrado, impondo ao Estado o dever fundamental de garantir e proteger o meio ambiente, destacando-se, entre as normas constitucionais, os artigos 23, incisos VI e VII e 225, *caput*, §§1º e 3º. Tais dispositivos são normas constitucionais impositivas, que obrigam ao Poder Público o dever de adotar medidas efetivas e adequadas de proteção ao meio ambiente.

Víctor Abramovich e Christian Courtis ensinam que tanto os direitos civis e políticos como os direitos econômicos, sociais e culturais implicam para o Estado as obrigações: a) de respeitar o direito, ou seja, de não os violar, por meio de sua conduta; b) de proteger o direito e c) de satisfazer o direito, cujos casos de violações decorrem, como regra, de omissões do Estado.[217]

Assim, o direito ao meio ambiente sadio não impõe ao Estado apenas um dever de abstenção, isto é, de não poluir, mas "inegavelmente prega e exige prestações positivas a cargo do Estado",[218] consistentes, exemplificativamente, na previsão orçamentária de despesas públicas e na realização de ações concretas voltadas à proteção da natureza, tais como a construção de aterros sanitários, a implantação de sistema de esgotamento sanitário e o exercício do poder de polícia ambiental. Enfim, a sua concretização depende do Estado, em especial dos Poderes Legislativo e Executivo.

---

[215] BARROSO. *Curso de direito constitucional contemporâneo*: os conceitos fundamentais e a construção do novo modelo, p. 284.

[216] BARCELLOS. *Leituras complementares de constitucional*: direitos fundamentais, p. 49.

[217] ABRAMOVICH; COURTIS. *Los derechos sociales como derechos exigibles*, p. 133-134.

[218] BENJAMIN. *Direito constitucional ambiental brasileiro*, p. 101.

Daí que a Constituição Federal de 1988 acolheu o chamado princípio da obrigatoriedade da intervenção estatal, que enuncia a ideia de que o Poder Público tem "o dever de atuar na defesa do meio ambiente em todas as suas esferas e instâncias".[219] Enfim, a gestão do meio ambiente não é matéria que diga respeito somente à sociedade civil, mas também ao Estado que deve ser participante ativo na preservação ambiental e não mero expectador ou regulador.[220]

Não há discricionariedade do administrador público quando a Constituição e/ou a legislação infraconstitucional fixam fins, metas e programas a serem desenvolvidos pelo Estado, ou seja, quando impõem um *facere* consubstanciado na implementação de políticas públicas ou de prestações materiais e jurídicas, as quais permitam o efetivo exercício dos direitos fundamentais consagrados na Magna Carta proporcionem o bem estar de todos, promovendo a erradicação da pobreza e a redução das desigualdades sociais.

Discricionariedade é liberdade de atuação do agente público de acordo com seu juízo de conveniência e oportunidade, nos casos em que o ordenamento jurídico confere tal liberdade. A propósito, Maria Sylvia Zanella Di Pietro assim conceitua discricionariedade administrativa:

> É a faculdade que a lei confere à Administração para apreciar o caso concreto, segundo critérios de oportunidade e conveniência, e escolher entre duas ou mais soluções, todas válidas perante o direito.[221]

Por sua vez, Celso Antônio Bandeira de Mello ensina que a discricionariedade pode decorrer:

> I) *da hipótese da norma*, isto é, do modo impreciso com que a lei haja descrito a situação fática (motivo), isto é, o acontecimento do mundo empírico que fará deflagrar o comando da norma, ou da omissão em descrevê-lo. Pode também derivar
>
> II) *do comando da norma*, quando nele se houver aberto, para o agente público, alternativas de conduta, seja (a) quanto a expedir ou não expedir o ato, seja (b) por caber-lhe apreciar a oportunidade adequada para tanto, seja (c) por lhe conferir liberdade quanto à forma jurídica que revestirá o ato, seja (d) por lhe haver sido atribuída competência para resolver sobre qual será a medida mais satisfatória perante as circunstâncias. [...]

---

[219] MARCHESAN; STEIGLEDER; CAPPELLI. *Direito ambiental*, p. 38.

[220] MACHADO. *Direito ambiental brasileiro*, p. 137.

[221] DI PIETRO. *Discricionariedade administrativa na Constituição de 1988*, p. 66.

III) *da finalidade da norma.* É que a finalidade aponta para valores, e as palavras (que nada mais são além de rótulos que recobrem as realidades pensadas, ou seja, vozes designativas) ao se reportarem a um conceito de valor, como ocorre com a finalidade, estão se reportando a conceitos plurissignificativos (isto é, conceitos vagos, imprecisos, também chamados de fluidos ou indeterminados) e não unissignificativos.[222]

Nesse contexto, a Constituição Federal ao confiar ao Estado o dever fundamental de proteção do meio ambiente, subtraiu do administrador público qualquer juízo de conveniência e oportunidade sobre a proteção ou não do meio ambiente, ou seja, não está na livre disposição dos Poderes Públicos decidir se o meio ambiente deve ou não ser protegido, pois a Constituição é clara: o meio ambiente *deve* ser protegido. Enfim, não há, neste aspecto, discricionariedade.

Aliás, o professor Antônio Herman Benjamin ensina que:

[...] os comandos constitucionais reduzem a discricionariedade da Administração Pública, pois impõem ao administrador o permanente dever de levar em conta o meio ambiente e de, direta e positivamente, protegê-lo, bem como exigir seu respeito pelos demais membros da comunidade [...].[223]

Daí que o Estado tem o dever de formular e implementar ações concretas, dentre as quais estão as políticas públicas ambientais, necessárias à efetivação do direito fundamental ao meio ambiente sadio consagrado na Constituição.

A Administração Pública não tem, desse modo, discricionariedade para decidir se deverá ou não agir no sentido de promover e proteger a natureza. O Estado está constitucional e convencionalmente obrigado a fazê-los. Entretanto, a liberdade de atuação residirá apenas e tão somente na de escolha dos meios a serem empregados para a concretização do direito ao meio ambiente sadio.

Inobstante a clareza de tal dever, a realização de ações concretas e de políticas públicas ambientais envolve o gasto de dinheiro público e os recursos são limitados, daí porque pode ser sustentado que a efetividade do direito ao meio ambiente ecologicamente equilibrado depende de disponibilidade financeira do Estado, a chamada reserva do possível.

---

[222] MELLO. *Discricionariedade e controle Jurisdicional*, p. 19.
[223] BENJAMIN. *Direito constitucional ambiental brasileiro*, p. 101.

3.2 A efetividade do direito fundamental ao meio ambiente sadio e a reserva do possível

A despeito de Carlos Alberto Molinaro afirmar que "[...] não há possibilidade, sob pena de negar-se a qualidade do Estado-Socioambiental, de alegar a carência de recursos materiais e humanos para concretizar a vedação da degradação ambiental",[224] verdade é que o direito fundamental ao meio ambiente sadio reclama do Estado dois comportamentos: a) uma conduta negativa, consistente em não agredir a natureza e b) outra ativa, no sentido de que o Poder Público deve promover ações concretas relativas à promoção e proteção do meio ambiente, o que envolve necessariamente o dispêndio de recursos públicos.

As origens da reserva do possível surgiram por ocasião das discussões e da elaboração do Pacto Internacional dos Direitos Civis e Políticos e do Pacto Internacional dos Direitos Econômicos, Sociais e Culturais da Organização das Nações Unidas. À época, os países ocidentais alegavam que os direitos civis e políticos eram direitos economicamente viáveis, ao passo que os direitos econômicos, sociais e culturais demandavam alto custo para a sua implementação.[225]

Os direitos civis e políticos seriam direitos baratos e, por isso, com plena eficácia, exequibilidade e sindicabilidade judicial, ao passo que os direitos econômicos, sociais e culturais seriam direitos de alto custo e, portanto, condicionados à existência de recursos financeiros ou ao quantitativo dos valores disponíveis em caixa.

Como solução para a questão, os países optaram por positivar o princípio da progressividade no Pacto Internacional dos Direitos Econômicos, Sociais e Culturais, segundo o qual tais direitos se submetem à realização progressiva, na medida máxima dos recursos disponíveis.

Na verdade, o efetivo exercício de todos os direitos humanos, sejam eles civis, políticos, econômicos, sociais, culturais ou ambientais, custa dinheiro e, por consequência, envolve o gasto de recursos públicos.[226] A propósito, Stephen Holmes e Cass R. Sunstein ensinam que:

> Rights cannot be protected or enforced without public funding and support. This is just as true of old rights as of new rights, of the rights of Americans before as well as after Franklin Delano Roosevelt's New Deal. Both the right to welfare and the right to private property have public

---

[224] MOLINARO. *Direito ambiental*: proibição de retrocesso, p. 113.

[225] SGARBOSSA. *Crítica à teoria dos custos dos direitos*: reserva do possível, p. 131.

[226] HOLMES; SUNSTEIN. *The Cost of Rights*: why Liberty Depends on Taxes, p. 15.

costs. The right to freedom of contract has public costs no less than the right to health care, the right to freedom of speech no less than the right to decent housing. All rights make claims upon the public treasury.[227]

Com efeito, são necessários recursos públicos para a manutenção dos órgãos de segurança pública, cuja função principal é proteger não somente a vida, mas também a propriedade, típico direito de primeira dimensão. Ademais, o funcionamento do Poder Judiciário, que também custa dinheiro público, destina-se inclusive à proteção dos direitos civis, como por exemplo, a propriedade, a liberdade e a imagem.

O Estado, porém, dispõe apenas de limitada capacidade de dispor sobre o objeto das prestações reconhecidas pelas normas definidoras de direitos fundamentais, notadamente os direitos sociais e ambientais, de tal sorte que a limitação dos recursos constitui limite jurídico e fático dos direitos fundamentais.[228]

A reserva do possível é um limite jurídico e fático do direito ao meio ambiente sadio. Com efeito, pode-se dizer que existem duas espécies da reserva do possível, a fática e a jurídica. A primeira refere-se à inexistência material e real de recursos, ou seja, indisponibilidade de caixa. A segunda compreende a inexistência de autorização orçamentária para a realização de determinada despesa.[229]

A reserva do possível fática é verdadeiro limite à concretização dos direitos humanos, uma vez que "pouco adiantará, do ponto de vista prático, a previsão normativa ou a refinada técnica hermenêutica se absolutamente não houver dinheiro para custear a despesa gerada por determinado direito subjetivo",[230] de modo que para a efetividade do direito ao meio ambiente ecologicamente equilibrado "certas prestações hão de situar-se dentro da reserva do possível, das disponibilidades do erário".[231]

No que toca à escassez real e material de recursos públicos necessários, cumpre registrar que o Pacto Internacional dos Direitos Econômicos, Sociais e Culturais e o Protocolo de *San Salvador* obrigam os Estados signatários a adotar as medidas necessárias, especialmente

---

[227] HOLMES; SUNSTEIN. *The Cost of Rights*: why Liberty Depends on Taxes, p. 15

[228] SARLET. *A eficácia dos direitos fundamentais*, p. 305.

[229] BARCELLOS. *A eficácia jurídica dos princípios constitucionais*: o princípio da dignidade da pessoa humana, p. 262-263.

[230] BARCELLOS. *A eficácia jurídica dos princípios constitucionais*: o princípio da dignidade da pessoa humana, p. 262.

[231] BARROSO. *O direito constitucional e a efetividade de suas normas*, p. 105.

econômica e técnica, até o máximo dos recursos disponíveis, a fim de conseguir, progressivamente, a plena efetividade dos direitos nele reconhecidos.

Os direitos econômicos, sociais e culturais, bem como o direito ao meio ambiente sadio são, portanto, direitos de realização gradual porque submissos ao princípio da progressividade.[232]

Por outro lado, a progressividade não significa que há permissão para a postergação da realização prática ou a inexigibilidade do direito ao meio ambiente sadio, mas sim que o Estado deve fazer o máximo possível para realizá-lo, mediante planejamento a curto, médio e longo prazo.

A propósito:

> Ao referir-se à progressividade dos direitos humanos econômicos, sociais e culturais, o Pacto Internacional de Direitos Econômicos, Sociais e Culturais não nega a exigibilidade imediata dessa categoria de direitos. A progressividade ali mencionada deve ser interpretada no sentido extensivo de fazer o máximo para avançar no respeito aos direitos, e não como forma de limitar sua extensão.[233]

O princípio da progressividade favorece a concretização dos direitos humanos e dos direitos fundamentais, atuando como instrumento de superação do argumento da reserva do possível como limitação fática do direito ao meio ambiente sadio, conforme lição de Jayme Benvenuto Lima Júnior, referindo-se ao Pacto Internacional dos Direitos Econômicos, Sociais e Culturais:

> A interpretação adequada da progressividade mencionada naquele instrumento internacional não é de "indefinição" de metas e prazos para a realização dos direitos humanos econômicos, sociais e culturais. Ao contrário, o Pacto buscou impulsionar a sua realização.[234]

O direito ao meio ambiente ecologicamente equilibrado deve ser concretizado gradualmente ao longo do tempo, não podendo, portanto, ser postergado indefinidamente ou por prazo desproporcional e desarrazoado, impondo-se, por via de consequência, aos Poderes Públicos federal, estadual e municipal o dever de demonstrar que têm adotado

---

[232] CANOTILHO. *Estudos sobre direitos fundamentais*, p. 109.
[233] LIMA JÚNIOR. *Os direitos humanos econômicos, sociais e culturais*, p. 100.
[234] LIMA JÚNIOR. *Os direitos humanos econômicos, sociais e culturais*, p. 102.

todas as medidas necessárias e a seu alcance para, com recursos próprios ou decorrentes de cooperação entre as três esferas de Poder, efetivar o direito ao meio ambiente sadio.

Ademais, o princípio da progressividade deve ser interpretado sistematicamente com o princípio da aplicação máxima dos recursos disponíveis porque o Estado somente se desincumbe do dever fundamental de concretizar progressivamente os direitos econômicos, sociais, culturais e ambientais se comprovar a aplicação do máximo dos recursos disponíveis nesse sentido.[235]

E mais, "recursos disponíveis" não são os recursos alocados abstratamente nas leis orçamentárias em cada rubrica, mas sim a integralidade das receitas diretas e indiretas do Estado.[236]

Desse modo, se os meios financeiros são limitados, os recursos disponíveis deverão ser aplicados prioritariamente na satisfação do bem-estar do homem, o que envolve necessariamente a realização dos direitos civis, políticos, econômicos, sociais, culturais e ambientais. Os recursos remanescentes, aí sim, poderão ser destinados de acordo com as escolhas políticas de conveniência e oportunidade dos administradores públicos.

A promoção do bem-estar humano tem como ponto de partida assegurar a sua própria dignidade, que inclui, além da proteção dos direitos civis e políticos, a satisfação do mínimo existencial, isto é, das condições materiais mínimas de existência,[237] o qual congrega, como visto alhures, o direito ao meio ambiente sadio.

O orçamento da União, dos Estados membros, do Distrito Federal e dos Municípios deverá ser elaborado de forma a garantir as condições mínimas de existência digna (mínimo existencial), que são um "limite à liberdade de conformação do legislador".[238]

Assim, o Estado, por meio dos Poderes Legislativo e Executivo, deverá elaborar o seu orçamento e, por consequência, disciplinar a destinação e aplicação máxima dos recursos públicos de modo a garantir, razoavelmente, as condições materiais essenciais à dignidade da pessoa humana, o que envolve satisfação do direito ao meio ambiente sadio.

Com efeito, os recursos disponíveis deverão ser aplicados prioritariamente no atendimento dos direitos humanos e fundamentais

---

[235] SGARBOSSA. *Crítica à teoria dos custos dos direitos*: reserva do possível, p. 320.

[236] SGARBOSSA. *Crítica à teoria dos custos dos direitos*: reserva do possível, p. 322.

[237] BARCELLOS. *A eficácia jurídica dos princípios constitucionais*: o princípio da dignidade da pessoa humana, p. 272.

[238] SARLET. *A eficácia dos direitos fundamentais*, p. 373.

insertos no conteúdo do mínimo existencial até que eles sejam realizados, o que é prioridade do Estado brasileiro. De modo que somente após assegurar este padrão mínimo socioambiental é que o restante dos recursos poderá ser aplicado, segundo as propostas políticas do administrador público.

A falta de recursos públicos não pode ser guindada a obstáculos à efetivação dos direitos humanos e fundamentais, pois imaginar que a realização desses direitos depende de cofres cheios do Estado significa reduzir a sua eficácia a zero, ressaltando que se não atendidas as condições materiais mínimas indispensáveis a uma existência digna:

> [...] o Poder Judiciário está legitimado a interferir — num autêntico controle dessa omissão inconstitucional — para garantir esse mínimo existencial, visto que ele é obrigado a agir onde os outros Poderes não cumprem as exigências básicas da constituição (direito à vida, dignidade humana, Estado Social), não satisfazendo os direitos fundamentais sociais. Assim, as decisões sobre prioridades na aplicação e distribuição de recursos públicos deixam de ser questões de discricionariedade política, para serem uma questão de observância de direitos fundamentais [...].[239]

Assim, o Estado deverá, através dos Poderes Legislativo e Executivo, elaborar leis orçamentárias que autorizem tanto a realização de despesas públicas, até o máximo dos recursos disponíveis, como a realização de ações concretas destinadas à efetivação progressiva dos direitos humanos e fundamentais econômicos, sociais e culturais, inclusive do direito humano ao meio ambiente sadio, porque inseridos no conteúdo do mínimo existencial.

3.3 Sindicabilidade judicial do direito ao meio ambiente sadio

O Estado está constitucional e convencionalmente obrigado a promover e proteger o direito ao meio ambiente sadio, de modo que, em caso de omissão ilícita, poderá ser demandado no âmbito tanto da jurisdição internacional do sistema interamericano de direitos humanos, como da jurisdição interna da República Federativa do Brasil. Nesse último caso, não deve haver intromissão do Poder Judiciário em questões tipicamente reservadas à discricionariedade e às opções

---

[239] JÚNIOR. *Leituras Complementares de Constitucional*, p. 436.

114 | AUGUSTO CÉSAR LEITE DE RESENDE
A TUTELA JURISDICIONAL DO DIREITO HUMANO AO MEIO AMBIENTE...

políticas do Poder Executivo e nem violação ao princípio da separação dos Poderes previsto no art. 2º da Constituição Federal.

A possibilidade jurídica do pedido, uma das condições da ação, consiste, em síntese, na admissão, em tese, pela ordem jurídica, de uma pretensão, ou seja, haverá pedido juridicamente possível, sempre que inexistir vedação legal expressa quanto àquilo que concretamente se está pedindo em juízo.

Com efeito, é suficiente a inexistência de vedação expressa quanto à pretensão trazida a juízo pelo autor. Assim, ainda que inexista previsão expressa na lei quanto ao tipo de providência requerida, se proibição não houver, estar-se-á diante de pedido juridicamente possível. Neste sentido, é lição do eminente Humberto Theodoro Júnior, *ipsis verbis*:

> A possibilidade jurídica, então, deve ser localizada no pedido imediato, isto é, na permissão, ou não, do direito positivo a que se instaure a relação processual em torno da pretensão do autor.[240]

Nesse contexto, cumpre salientar que o inadimplemento das obrigações constitucionais por parte do Poder Público confere ao Poder Judiciário o dever-poder de assegurar o cumprimento das normas constitucionais, em razão justamente da força normativa da Constituição, mostrando-se, portanto, juridicamente possível o pedido neste sentido, sem que isso caracterize violação ao princípio da separação dos Poderes.

O poder do Estado, em seus primórdios, encontrava-se concentrado nas mãos de uma única pessoa, porquanto toda a atividade estatal era exercida por esse órgão único, pessoal e detentor supremo do poder estatal, o que dava margem à tirania. Contudo, essa concentração de poder em uma só pessoa não perdurou por muito tempo, uma vez que o crescimento territorial e populacional do Estado e o desenvolvimento social ensejaram a divisão dos poderes do Estado.

A teoria da "Tripartição de Poderes"[241] foi inicialmente idealizada por Aristóteles, em sua obra *Política*, através da qual o filósofo grego identificou três funções básicas e distintas exercidas pelo Estado, quais sejam: edição de normas, aplicação destas normas e

---

[240] JÚNIOR. *Curso de direito processual civil*. v. 1, p. 54.

[241] Ressalte-se que a terminologia "tripartição de poderes" é equivocada, uma vez que o poder estatal é uno e indivisível. O que ocorre, na verdade, é uma distribuição de funções do Estado entre órgãos distintos e independentes uns dos outros, visando otimizar a atividade do Estado e evitar abuso de poder do governante. No entanto, empregaremos o termo "tripartição de poderes" no presente trabalho porque é de uso tradicional e comum na literatura jurídica nacional.

julgamento, concentrando, no entanto, tais funções unicamente na figura da assembleia dos cidadãos.[242]

Em 1748, Montesquieu, inspirando-se nos ideais iluministas da época, aprimorou, em seu célebre livro *O espírito das leis*, a Teoria da Separação dos Poderes através da atribuição das funções do Estado a órgãos distintos, autônomos e independentes, com vistas a limitar a atuação e o poder do Estado.

Dalmo de Abreu Dallari aduz que "o ponto obscuro da teoria de Montesquieu é a indicação das atribuições de cada um dos poderes"[243] porque ela faz alusão a um Poder Legislativo, a um Poder Executivo do Direito das Gentes e um Poder Executivo do Direito Civil, sendo que a este último competiria o poder de julgar e ao outro Poder Executivo caberia o poder de administrar o Estado.

Montesquieu visou apenas enfraquecer o poder do Estado Absolutista, sem se preocupar com a eficiência da atividade estatal, embora entendesse necessária uma perfeita harmonia entre os três Poderes, mediante limites recíprocos entre eles.

Porém, a teoria desenvolvida por Montesquieu foi distorcida pelos revolucionários franceses de 1789, os quais estabeleceram uma separação rígida e absoluta entre os Poderes do Estado, de sorte que os respectivos Poderes somente podiam exercer suas funções típicas. Vale dizer: o Poder Executivo somente administrava, o Poder Legislativo somente editava normas e o Poder Judiciário só julgava, não sendo permitido a eles exercer as atribuições dos outros Poderes.

Por isso, o sistema de freios e contrapesos (Teoria do *Checks and Balances*) autoriza aos Poderes do Estado exercer funções atípicas, isto é, funções próprias dos dois outros Poderes, com a finalidade precípua de assegurar a harmonia entre os Poderes e o livre exercício de suas funções típicas, sem que um exerça ingerência ou supremacia sobre os demais.

Assim, cumpre ao Poder Judiciário, no exercício de suas funções típicas, o dever-poder de determinar aos demais Poderes e, evidentemente, aos particulares, a correta observância do ordenamento jurídico, mormente quando não atendidos os direitos fundamentais consagrados na Carta Magna. Afinal "a jurisdição, atualmente, tem a função de tutelar (ou proteger) os direitos, especialmente os direitos fundamentais".[244]

---

[242] AZAMBUJA. *Teoria Geral do Estado*, p. 177.
[243] DALLARI. *Elementos de Teoria Geral do Estado*, p. 219.
[244] MARINONI. *Teoria geral do processo*, p. 137.

Na Ação de Descumprimento de Preceito Fundamental nº 45, o Supremo Tribunal Federal fixou entendimento sobre a possibilidade de o Poder Judiciário exercer o controle sobre a realização de ações concretas voltadas à satisfação de direitos fundamentais, especialmente o controle sobre a escolha e implementação de políticas públicas pelo Poder Executivo, quando vulnerados direitos fundamentais do cidadão e, por via de consequência, a dignidade da pessoa humana.

A propósito, veja-se trecho da decisão monocrática proferida pelo Min. Celso de Mello em 29 de abril de 2004, nos autos da ADPF nº 45, *ipsis verbis*:

> Não obstante a formulação e a execução de políticas públicas dependam de opções políticas a cargo daqueles que, por delegação popular, receberam investidura em mandato eletivo, cumpre reconhecer que não se revela absoluta, nesse domínio, a liberdade de conformação do legislador, nem a de atuação do Poder Executivo. É que, se tais Poderes do Estado agirem de modo irrazoável ou procederem com a clara intenção de neutralizar, comprometendo-a, a eficácia dos direitos sociais, econômicos e culturais, afetando, como decorrência causal de uma injustificável inércia estatal ou de um abusivo comportamento governamental, aquele núcleo intangível consubstanciador de um conjunto irredutível de condições mínimas necessárias a uma existência digna e essenciais à própria sobrevivência do indivíduo, aí, então, justificar-se-á, como precedentemente já enfatizado — e até mesmo por razões fundadas em um imperativo ético-jurídico —, a possibilidade de intervenção do Poder Judiciário, em ordem a viabilizar, a todos, o acesso aos bens cuja fruição lhes haja sido injustamente recusada pelo Estado [...].[245]

E mais,

> Embora resida, primariamente, nos Poderes Legislativo e Executivo, a prerrogativa de formular e executar políticas públicas, revela-se possível, no entanto, ao Poder Judiciário, determinar, ainda que em bases excepcionais, especialmente nas hipóteses de políticas públicas definidas pela própria Constituição, sejam estas implementadas pelos órgãos estatais inadimplentes, cuja omissão — por importar em descumprimento dos encargos político-jurídicos que sobre eles incidem em caráter mandatório — mostra-se apta a comprometer a eficácia e a integridade de direitos sociais e culturais impregnados de estatura constitucional.[246]

---

[245] Informativo do Supremo Tribunal Federal nº 345.

[246] BRASIL. STF – AgR nº 410.715/SP, Rel. Min. Celso de Mello, *DJU* 03 fev. 2006, p. 76.

Corroborando entendimento anteriormente firmado na Ação de Descumprimento de Preceito Fundamental nº 45, o Presidente do Supremo Tribunal Federal, Ministro Gilmar Mendes, assentou, em decisão exarada em 08 de julho de 2008, que "não há dúvida quanto à possibilidade jurídica de determinação judicial para o Poder Executivo concretizar políticas públicas constitucionalmente definidas".[247]

Nesse contexto, o Poder Judiciário não viola o princípio da separação dos Poderes ao determinar para o Poder Executivo a implementação de ações concretas, inclusive políticas públicas, necessárias ao efetivo exercício do direito ao meio ambiente sadio. Ao contrário, o Poder Judiciário exerce corretamente seu papel de adequar a omissão estatal aos ditames constitucionais.

Assim, o Princípio da separação dos Poderes não serve como obstáculo ao cumprimento coativo da Constituição Federal, pois o papel precípuo do Poder Judiciário é, no Estado Constitucional Contemporâneo, tutelar os direitos fundamentais.

Ao analisar o papel do Poder Judiciário no controle de políticas públicas, Américo Bedê Freire Júnior aduz que "o juiz tem a missão constitucional de impedir ações ou omissões contrárias ao texto, sem que com essa atitude esteja violando a Constituição",[248] até porque o Poder Judiciário não criará políticas públicas ambientais, nem usurpará a iniciativa do Poder Executivo, apenas determinará o cumprimento de objetivos definidos e especificados de maneira clara e concreta na Constituição Federal, a promoção e proteção do meio ambiente.

Ademais, o dever do Poder Judiciário de assegurar o pleno exercício do direito ao meio ambiente sadio decorre também da interação e do diálogo existente entre a ordem jurídica brasileira e o sistema interamericano de direitos humanos.

De fato, a Convenção Americana sobre Direitos Humanos, o Protocolo de San Salvador e a Constituição Federal de 1988 conformam um todo harmônico porque objetivam comumente a proteção do ser humano. Nesse diapasão, as normas do sistema interamericano de direitos humanos e o direito interno brasileiro formam um ordenamento jurídico de proteção e, por isso, estão em constante interação, objetivando ambos a proteção dos seres humanos.[249]

---

[247] BRASIL. STF – Suspensão de Liminar – nº 235 – TO. Inteiro teor Disponível em: <http://www.stf.gov.br/arquivo/cms/noticiaNoticiaStf/anexo/sl235.pdf>. Acesso em: 12 dez. 2013.

[248] JÚNIOR. *O controle judicial de políticas públicas*, p. 44.

[249] CANÇADO TRINDADE. *Tratado de direito internacional de direitos humanos*, v. 1, p. 402.

Os tratados internacionais de direitos humanos, uma vez ratificados e incorporados ao direito interno brasileiro, obrigam a todos, inclusive aos parlamentares e juízes nacionais, exigindo-se, portanto, o cumprimento das obrigações convencionais por parte dos Poderes Executivo, Legislativo e Judiciário.[250]

Nesse sentido é a lição de Pedro Nikken:

> [...] los Estados deben adoptar las providencias apropiadas para que sus autoridades administrativas y judiciales den cumplimiento, cuando sea menester, a toda obligación internacional del Estado relativa a los derechos humanos.[251]

O direito humano ao meio ambiente sadio foi, conforme já explicitado, positivado expressamente na Constituição Federal de 1988 e no Protocolo de San Salvador, de modo que o Brasil é obrigado a promover as medidas administrativas, legislativas e jurisdicionais necessárias à concretização do referido direito humano, sob pena de responsabilização internacional. Isso porque a violação do direito humano ao meio ambiente ecologicamente equilibrado ocorrerá sempre que as instituições brasileiras se mostrarem omissas ou ineficientes na tarefa de promover e proteger a natureza.

Com efeito, os atos estatais internos, sejam administrativos, legislativos ou jurisdicionais, podem ser objeto de controle e exame por parte das instituições integrantes do sistema interamericano de direitos humanos, com o objetivo de se verificar a sua conformidade com a Convenção Americana sobre Direitos Humanos ou com o Protocolo de San Salvador.

A violação do direito ao meio ambiente sadio exige, primeiramente, a atuação eficiente do Poder Judiciário brasileiro, no sentido de assegurar em nível nacional a promoção e proteção da natureza, impedindo ou reparando danos ecológicos. Com efeito, os órgãos jurisdicionais brasileiros têm o dever de conhecer, interpretar e aplicar os tratados internacionais de direitos humanos porque tais normas externas "[...] impõem aos Estados Partes o dever de assegurar às supostas vítimas recursos eficazes perante as instâncias nacionais contra violações de seus direitos".[252]

A propósito, Antônio Augusto Cançado Trindade afirma:

---

[250] CANÇADO TRINDADE. *Tratado de direito internacional de direitos humanos*, v. 1, p. 440-441.
[251] NIKKEN. *Revista do instituto interamericano de direitos humanos*, p. 18.
[252] CANÇADO TRINDADE. *Tratado de direito internacional de direitos humanos*, v. 1, p. 426.

Os Estados Partes em tratados internacionais de direitos humanos encontram-se, em suma, obrigados a organizar o seu ordenamento jurídico interno de modo que as supostas vítimas de violações dos direitos neles consagrados disponham de um recurso eficaz perante as instâncias nacionais. Esta obrigação adicional opera como uma salvaguarda contra eventuais denegações de justiça, ou atrasos indevidos ou outras irregularidades processuais da administração da justiça.[253]

A ausência ou insuficiência de respostas às violações do direito ao meio ambiente sadio, no âmbito nacional, caracterizará ilícito internacional,[254] ensejando, assim, a atuação subsidiária da jurisdição internacional.

Embora a Corte Interamericana de Direitos Humanos não substitua os órgãos do Poder Judiciário brasileiro e nem atue como tribunal de cassação ou de recurso das decisões judiciais internas do Brasil, verdade é que a inexistência ou a insuficiência da atuação dos órgãos jurisdicionais brasileiros, no sentido de impedir ou reparar danos aos direitos humanos, podem configurar violação às obrigações constantes da Convenção Americana sobre Direitos Humanos e do Protocolo de San Salvador, uma vez que os tribunais brasileiros não são os intérpretes últimos de suas obrigações internacionais em matéria de direitos humanos.[255]

Não incumbe à Corte Interamericana de Direitos Humanos decidir sobre a interpretação e a aplicação da legislação interna brasileira por parte do Poder Judiciário, salvo se os tribunais internos violarem, por meio da interpretação e da aplicação do Direito brasileiro, dispositivos da Convenção Americana sobre Direitos Humanos ou do Protocolo de San Salvador.[256]

Assim, o Poder Judiciário brasileiro tem o dever de prover recursos internos eficazes contra violações de direitos, inclusive o direito ao meio ambiente sadio, consagrados na Constituição da República de 1988 e em tratados internacionais de direitos humanos.

E o descumprimento das normas convencionais, por ação ou omissão do Poder Executivo, do Poder Legislativo ou do Poder Judiciário, ensejará a responsabilidade internacional do Brasil, razão também pela qual não se pode negar que a omissão estatal dos deveres

---

[253] CANÇADO TRINDADE. *Tratado de direito internacional de direitos humanos*, v. 1, p. 428-429.
[254] PIOVESAN. *Direitos humanos e o direito constitucional internacional*, p. 70.
[255] CANÇADO TRINDADE. *Tratado de direito internacional de direitos humanos*, v. 1, p. 412.
[256] CANÇADO TRINDADE. *Tratado de direito internacional de direitos humanos*, v. 1, p. 414.

constitucionais e convencionais de proteger, promover e preservar o meio ambiente ecologicamente equilibrado para as presentes e futuras gerações deve se submeter ao controle judicial interno.

CAPÍTULO 4

DIREITO HUMANO AO MEIO AMBIENTE SADIO NO SISTEMA INTERAMERICANO DE DIREITOS HUMANOS

A proteção internacional dos direitos humanos está estruturada em dois tipos de sistemas de proteção, quais sejam, o global e os regionais. O sistema global foi institucionalizado pela Organização das Nações Unidas (ONU), após a Segunda Guerra Mundial, cujos principais instrumentos normativos são a Declaração Universal dos Direitos Humanos de 1948, o Pacto Internacional dos Direitos Civis e Políticos e o Pacto Internacional dos Direitos Econômicos, Sociais e Culturais. Os sistemas regionais de proteção dos direitos humanos foram estruturados por organizações continentais, em especial a Organização dos Estados Americanos, o Conselho da Europa e a União Africana, ao longo da segunda metade do século XX. Os três principais sistemas regionais de proteção dos direitos humanos são o interamericano, o europeu e o africano, apesar de haver, ainda que de forma incipiente, a formação de um sistema árabe-islâmico de proteção dos direitos humanos, todos com o propósito de promover a proteção e valorização dos direitos humanos na região.

Os sistemas global e regionais são verdadeiros instrumentos de proteção dos direitos humanos no plano internacional. Ambos são fundados no princípio da dignidade humana e, por isso, complementam-se e interagem com os sistemas nacionais de proteção dos direitos humanos, a fim de proporcionar a maior efetividade possível à promoção e proteção dos direitos humanos.

Os sistemas internacionais de proteção dos direitos humanos, em especial o interamericano, são instrumentos eficazes de proteção e promoção dos direitos humanos quando as instituições domésticas dos Estados se mostram omissas ou ineficientes. Realmente, cabem, conforme já ressaltado alhures, aos Estados, primeiramente, promover e proteger, em seu âmbito interno, os direitos humanos e, caso não se desincumbam plenamente deste ônus, caberá aos órgãos dos sistemas internacionais de proteção dos direitos humanos garantir o respeito aos direitos consagrados nos tratados internacionais.

O sistema interamericano de direitos humanos é regido por dois subsistemas: o sistema vinculado à Carta da Organização dos Estados Americanos (OEA) e à Declaração Americana dos Direitos e Deveres dos Homens e o sistema vinculado à Convenção Americana sobre Direitos Humanos e ao Protocolo Adicional à Convenção Americana em Matéria de Direitos Econômicos, Sociais e Culturais.[257]

O sistema interamericano começou a ser formado, em abril de 1948, com a aprovação da Declaração Americana dos Direitos e Deveres do Homem, em Bogotá, Colômbia, pela Organização dos Estados Americanos (OEA), o que propiciou a criação, em 1959, de um órgão de proteção e promoção dos direitos humanos nas Américas, qual seja, a Comissão Interamericana de Direitos Humanos.

Em 1969, a Organização dos Estados Americanos (OEA) aprovou a Convenção Americana sobre Direitos Humanos, também conhecida como Pacto de San José da Costa Rica, que somente entrou em vigor em 18 de julho de 1978. Atualmente, apenas vinte e três países se sujeitam à Convenção Americana sobre Direitos Humanos, a saber: Argentina, Barbados, Brasil, Bolívia, Chile, Colômbia, Costa Rica, Dominica, República Dominicana, Equador, El Salvador, Grenada, Guatemala, Haiti, Honduras, Jamaica, México, Nicarágua, Panamá, Paraguai, Peru, Suriname e Uruguai.[258]

---

[257] A presente pesquisa irá se ocupar exclusivamente com o sistema vinculado à Convenção Americana sobre Direitos Humanos e ao Protocolo San Salvador.

[258] Trinidad & Tobago denunciou a Convenção Americana sobre Direitos Humanos em 26.05.1998 e a Venezuela denunciou a referida Convenção Americana em 01.09.2012.

Foram necessários nove anos para que a Convenção Americana sobre Direitos Humanos entrasse em vigor, com a 11ª ratificação, só ocorrida em 1978, o que demonstra que o processo de consolidação e respeito aos direitos humanos na América Latina foi bastante lento, por conta dos regimes ditatoriais que assolaram a região.

Com a entrada em vigor da Convenção Americana sobre Direitos Humanos, criou-se o segundo órgão de proteção dos direitos humanos nas Américas, a Corte Interamericana de Direitos Humanos, com sede na capital da Costa Rica. A primeira reunião da Corte ocorreu no dia 29 de junho de 1979 na sede da Organização dos Estados Americanos (OEA), localizada na cidade de Washington.

4.1 Convenção Americana de Direitos Humanos

O termo "tratado internacional" é definido pelo art. 2º, §1º, alínea *a*, da Convenção de Viena sobre Direito dos Tratados como "um acordo internacional concluído por escrito entre Estados e regido pelo Direito Internacional, quer conste de um instrumento único, quer de dois ou mais instrumentos conexos, qualquer que seja sua denominação específica".

Trata-se, portanto, da instrumentalização de um acordo escrito, celebrado entre dois ou mais sujeitos de direito internacional, cujos preceitos são juridicamente obrigatórios e vinculantes para as partes envolvidas e cujo descumprimento possibilita a aplicação de uma sanção.

Segundo a lição de Valério de Oliveira Mazzuoli: "[…] se deve definir 'tratado internacional' como sendo um acordo formal de vontades, concluído entre Estados ou organizações interestatais entre si, regido pelo Direito das Gentes e destinado a produzir efeitos jurídicos para as partes contratantes".[259]

A expressão "tratado internacional" é genérica porque alberga, em seu conceito convencional, diversas outras nomenclaturas que são utilizadas para se referir a acordos internacionais que sejam instrumentos de veiculação de preceitos jurídicos, tais como Pacto, Convenção, Protocolo ou Carta.[260]

Desse modo, é possível afirmar que, à luz do disposto no art. 2º, §1º, alínea *a*, da Convenção de Viena sobre Direito dos Tratados, a Convenção Americana sobre Direitos Humanos, também conhecida

---

[259] MAZZUOLI. *Direito dos tratados*, p. 49.
[260] SHAW. *Direito internacional*, p. 74.

como Pacto de San José da Costa Rica, e o Protocolo de San Salvador são exemplos típicos de tratados internacionais cujas disposições são vinculativas e obrigatórias por parte dos Estados signatários.

As convenções internacionais podem ser feitas como os Estados bem entenderem. Não há um rito previamente estabelecido para a criação de tratados internacionais, isto é, "não há forma ou procedimentos prescritos ou defesos, e o modo como um tratado será formulado e por quem será realmente assinado dependerá das intenções e da concordância entre os Estados envolvidos".[261] Inobstante, existe, como regra geral, uma sequência de fases similarmente adotada pelos diversos Estados.[262]

No Brasil, o processo legislativo dos tratados internacionais está estabelecido pela Constituição e tem início, geralmente, com a negociação do texto entre os Estados interessados e, em sendo bem-sucedida, tem-se a assinatura do tratado. A negociação e a assinatura são atos da competência exclusiva do Presidente da República, por força do disposto no art. 84, inciso VIII, da Carta Magna. Ademais, a assinatura do tratado não obriga ainda o Estado porque se trata de ato precário e provisório.[263] É mera aquiescência do Estado com o conteúdo do tratado,[264] que depende do referendo do Poder Legislativo e da ratificação presidencial para gerar efeitos jurídicos.

Após a assinatura do tratado, o Poder Executivo deverá encaminhar o texto assinado ao Congresso Nacional para, com fulcro no art. 49, inciso I, da Constituição da República, proceder ao seu exame e deliberação.

A Constituição Federal de 1988 adotou, com esteio na teoria dos freios e contrapesos, o regime de colaboração entre os Poderes Executivo e Legislativo porque o aperfeiçoamento dos tratados internacionais exigem a comunhão de vontades do Presidente da República, que os celebra, e a dos Deputados Federais e Senadores, que os aprova, por meio de decreto legislativo.[265] Enfim, a celebração de um tratado internacional é um ato complexo porque exige a junção de vontades do Poder Executivo e do Poder Legislativo.

Referendado o texto do tratado internacional pelo Congresso Nacional, tem-se a fase da ratificação presidencial, que é a celebração definitiva da convenção internacional. Somente após ratificado pelo

---

[261] SHAW. *Direito internacional*, p. 674

[262] VARELLA. *Direito internacional público*, p. 47.

[263] PIOVESAN. *Direitos humanos e o direito constitucional internacional*, p. 109.

[264] VARELLA. *Direito internacional público*, p. 63.

[265] PIOVESAN. *Temas de direitos humanos*, p. 115.

Presidente da República é que o tratado passa a produzir efeitos jurídicos no âmbito externo, salvo se houver cláusula expressa que estabeleça um número mínimo de Estados partes ou o decurso de tempo para que comece a viger.

O tratado torna-se perfeito e válido, no âmbito internacional, para o Brasil, com a ratificação. Contudo, o tratado somente produzirá efeitos jurídicos na ordem jurídica interna brasileira com a edição do Decreto de Promulgação pelo Presidente da República.[266] Em se tratando, no entanto, de tratados internacionais de direitos humanos, Flávia Piovesan leciona que a Constituição Federal adota uma sistemática de incorporação automática, isto é, não há a necessidade do Decreto de Promulgação para que produzam efeitos jurídicos tanto no âmbito externo como no interno, uma vez que o art. 5º, §1º, da Carta Magna aduz claramente que as normas definidoras de direitos fundamentais têm aplicação imediata.[267]

André de Carvalho Ramos ensina, por sua vez, não haver a necessidade do Decreto de Promulgação para todos os tratados internacionais, sejam de direitos humanos ou não, visto que a Constituição Federal de 1988 não previu expressamente tal exigência, e o atraso injustificado na edição do aludido decreto poderá ensejar a responsabilização internacional do Brasil.[268]

A Convenção Americana sobre Direitos Humanos entrou em vigor, para a República Federativa do Brasil, em 25 de setembro de 1992, e foi promulgada em 06 de novembro de 1992, por meio do Decreto nº 678/1992, havendo, portanto, vigência interna e externa. Trata-se do principal instrumento do sistema interamericano de direitos humanos, em que os Estados partes se comprometem a respeitar os direitos e liberdades nela reconhecidos e a garantir seu livre e pleno exercício a toda pessoa que esteja sujeita à sua jurisdição, sem discriminação alguma, por motivo de raça, cor, sexo, idioma, religião, opiniões políticas ou de qualquer outra natureza, origem nacional ou social, posição econômica, nascimento ou qualquer outra condição social.

O Pacto de San José da Costa Rica não consagrou especificamente qualquer direito econômico, social, cultural ou ambiental, limitando-se a determinar, em seu artigo 26, aos Estados partes que adotem

---

[266] RAMOS. *Pluralidade das ordens jurídicas*: a relação do direito brasileiro com o direito internacional, p. 39.

[267] PIOVESAN. *Temas de direitos humanos*, p. 117.

[268] RAMOS. *Pluralidade das ordens jurídicas*: a relação do direito brasileiro com o direito internacional, p. 40-41.

as providências, tanto no âmbito interno como mediante cooperação internacional, especialmente econômica e técnica, a fim de conseguir progressivamente a plena efetividade dos direitos econômicos, sociais, culturais e ambientais, na medida dos recursos disponíveis, por via legislativa ou por outros meios apropriados.

Segundo o preâmbulo do mencionado instrumento normativo, a proteção internacional dos direitos humanos nas Américas é coadjuvante ou complementar da que oferece o direito interno dos Estados americanos, de modo que cabe ao Estado primeiramente promover e proteger, em seu âmbito interno, os direitos humanos e, caso o Estado não se desincumba plenamente deste ônus, caberá aos órgãos do sistema interamericano de direitos humanos garantir o respeito aos direitos consagrados na Convenção Americana.

4.2 Comissão Interamericana de Direitos Humanos

A Comissão Interamericana de Direitos Humanos é um órgão autônomo da Organização dos Estados Americanos (OEA), criada em 1959, através da Resolução VIII da V Reunião de Ministros das Relações Exteriores, ocorrida em Santiago, Chile.

O referido órgão é composto por sete membros independentes, que devem ser pessoas de alta autoridade moral e de reconhecido saber em matéria de direitos humanos, eleitos pela Assembleia-Geral, para um mandato de quatro anos, com início em 1º de janeiro do ano seguinte ao da eleição. Ademais, os membros atuam de forma pessoal e não representam nenhum país em particular.

A eleição deles far-se-á a partir de uma lista de candidatos propostos pelos países membros da Organização dos Estados Americanos (OEA). Cada Estado pode propor até três candidatos, nacionais do Estado ou de qualquer outro Estado membro da Organização, sendo que quando for proposta uma lista tríplice de candidatos, pelo menos um deles deverá ser nacional de Estado diferente do proponente.

A Comissão Interamericana de Direitos Humanos representa todos os Estados da Organização dos Estados Americanos (OEA) e tem como principal função promover a observância e a defesa dos direitos humanos. Tem ainda as atribuições de estimular a consciência dos direitos humanos nos povos da América, formular recomendações aos Governos dos Estados no sentido de que adotem medidas progressivas em prol dos direitos humanos, no âmbito de sua legislação, de seus preceitos constitucionais e de seus compromissos internacionais, bem como disposições apropriadas para promover o respeito a esses direitos, preparar os estudos ou relatórios que considerar convenientes para o desempenho de suas funções, solicitar aos Governos dos Estados que lhe proporcionem informações sobre as medidas que adotarem em matéria de direitos humanos. Além disso, possui também a missão de atender às consultas que, por meio da Secretaria-Geral da Organização, lhe formularem os Estados membros sobre questões relacionadas com os direitos humanos e, dentro de suas possibilidades, prestar assessoramento que eles lhe solicitarem, apresentar um relatório anual à Assembleia-Geral da Organização no qual se levará na devida conta o regime jurídico aplicável aos Estados partes da Convenção Americana sobre Direitos Humanos e aos Estados que não o são e fazer observações *in loco* em um Estado, com a anuência ou a convite do Governo respectivo.

Dentre as atribuições da Comissão Interamericana de Direitos Humanos, destaca-se a função *quase judicial* de analisar as denúncias ou queixas de violações de direitos humanos consagrados no Pacto de San José da Costa Rica praticadas por um Estado parte da Convenção Americana.

Com efeito, o art. 44 da referida Convenção permite a comunicação de violações de direitos humanos à Comissão, através de petições, por qualquer Estado parte da Convenção Americana, por qualquer pessoa ou grupo de pessoas, ou por entidade não governamental legalmente reconhecida em um ou mais Estados membros da Organização dos Estados Americanos (OEA).

Apesar de o cidadão não ter acesso direito à Corte Interamericana de Direitos Humanos, tal como ocorre no sistema europeu de direitos humanos, o indivíduo ou organização não governamental pode dar início ao processo internacional de responsabilidade do Estado mediante a apresentação de denúncias ou queixas de violações de direitos humanos perpetrados pelos Estados partes da Convenção Americana sobre Direitos Humanos à Comissão Interamericana de Direitos Humanos. Ademais, a Comissão poderá ainda ser provocada, mediante peticionamento, por Estado.

As demandas no sistema interamericano de direitos humanos podem ser individuais quando iniciadas através de petição escrita da vítima, terceiros ou organização não governamental e interestatais quando a petição escrita for apresentada por outro Estado, nos termos dos arts. 44 e 45 da Convenção Americana sobre Direitos Humanos. Contudo, Flávia Piovesan deixa claro que "para a adoção do mecanismo das comunicações interestatais, é necessário que ambos os Estados tenham feito declaração expressa reconhecendo a competência da Comissão para tanto".[269]

A jurisdição internacional no sistema interamericano de direitos humanos é subsidiária porque somente é acionada após o esgotamento dos recursos internos. Com efeito, uma petição ou comunicação apresentada à Comissão Interamericana de Direitos Humanos somente será admitida se tiverem sido interpostos e esgotados os recursos da jurisdição interna, de acordo com os princípios de Direito Internacional, geralmente reconhecidos, e se tiverem sido apresentadas dentro do prazo de seis meses, a partir da data em que o presumido prejudicado em seus direitos tenha sido notificado da decisão definitiva. Deve-se também considerar que a matéria da petição ou comunicação não esteja pendente de outro processo de solução internacional e, por fim, que a petição, caso apresentada pela vítima ou entidade não governamental, contenha o nome, a nacionalidade, a profissão, o domicílio e a assinatura da pessoa ou pessoas ou do representante legal da entidade que submeter a petição.

A regra do prévio esgotamento dos recursos internos tem larga aceitação no Direito Internacional porque tem importante papel de reduzir as tensões entre os Estados e proporcionar o respeito à soberania dos Estados.[270] Observe-se ainda que a Corte Interamericana de Direitos Humanos firmou entendimento de que cabe ao Estado demandado alegar, no procedimento perante à Comissão Interamericana de Direitos Humanos, a ausência de prévio esgotamento dos recursos internos, sob pena de preclusão.[271]

Não haverá, porém, a necessidade de prévia interposição e esgotamento dos recursos da jurisdição interna e a observância do prazo de seis meses acima referido quando não existir, na legislação interna do Estado de que se tratar, o devido processo legal para a proteção do direito ou direitos que se alegue tenham sido violados. Também serão dispensados os requisitos anteriormente mencionados, se não foi permitido ao presumido prejudicado em seus direitos, o acesso aos recursos da jurisdição interna, ou se foi ele impedido de esgotá-los e, finalmente, se houve demora injustificada na decisão sobre os mencionados recursos.

---

[269] PIOVESAN. *Direitos humanos e justiça internacional*, p. 135.

[270] RAMOS. *Processo internacional de direitos humanos*, p. 209.

[271] Caso Castillo Páez *vs.* Peru.

A jurisprudência da Corte Interamericana de Direitos Humanos aduz ainda mais três hipóteses de dispensa de esgotamento dos recursos internos, a saber: a) o recurso disponível for inidôneo; b) o recurso for inútil; ou c) faltar defensores ou haver barreiras de acesso à justiça.[272]

O art. 46, alínea c, da Convenção Americana, não admite a chamada litispendência internacional, no sentido de que não se poderá utilizar simultaneamente mais de um sistema internacional de direitos humanos, com a finalidade de se evitar decisões contraditórias e inconciliáveis dos órgãos internacionais de proteção de direitos humanos. Também não se admite o peticionamento perante a Comissão Interamericana de Direitos Humanos quando houver coisa julgada internacional, isto é, quando a questão já tiver sido decidida por outra instância internacional.

O processo propriamente dito perante a Comissão Interamericana de Direitos Humanos está regulado nos art. 48 a 51 da Convenção Americana sobre Direitos Humanos. A Comissão, ao receber uma petição, ou comunicação, na qual se alegue a violação de qualquer dos direitos consagrados no Pacto de San José da Costa Rica, poderá: a) se reconhecer a admissibilidade da petição ou comunicação, solicitar informações ao Governo do Estado ao qual pertença a autoridade apontada como responsável pela violação alegada e transcreverá as partes pertinentes da petição ou comunicação, cujas informações devem ser enviadas dentro de um prazo razoável, a ser fixado pela Comissão de acordo com as circunstâncias de cada caso e recebidas as informações, ou transcorrido o prazo fixado sem que sejam elas recebidas, verificará se existem ou subsistem os motivos da petição ou comunicação. No caso de não existirem ou não subsistirem, mandará arquivar o expediente. Poderá também: a) declarar a inadmissibilidade ou a improcedência da petição ou comunicação, com base em informação ou prova supervenientes; b) se o expediente não houver sido arquivado, e com o fim de comprovar os fatos, procederá, com conhecimento das partes, a um exame do assunto exposto na petição ou comunicação. Se for necessário e conveniente, a Comissão procederá a uma investigação para cuja eficaz realização solicitará, e os Estados interessados proporcionarão a ela, todas as facilidades necessárias; c) poderá pedir aos Estados interessados qualquer informação pertinente e receberá, se isso for solicitado, as exposições verbais ou escritas que apresentarem os interessados e d) pôr-se à disposição das partes interessadas, a fim de chegar a uma

---

[272] RAMOS. *Processo internacional de direitos humanos*, p. 210.

solução amistosa do assunto, fundada no respeito aos direitos reconhecidos nesta Convenção, conforme art. 48.1 da Convenção Americana sobre Direitos Humanos.

Entretanto, em casos graves e urgentes, pode ser realizada uma investigação, mediante prévio consentimento do Estado em cujo território se alegue houver sido cometida a violação de direitos humanos, tão somente com a apresentação de uma petição ou comunicação que reúna todos os requisitos formais de admissibilidade, nos termos do art. 48.2 da Convenção Americana sobre Direitos Humanos.

Preenchidos os requisitos do art. 46 da Convenção Americana sobre Direitos Humanos, admitida a petição e em homenagem aos princípios do contraditório e da ampla defesa, a Comissão Interamericana de Direitos Humanos solicitará informações ao Estado demandado sobre os fatos narrados na petição.

Recebidas as informações do Estado réu ou transcorrido *in albis* o prazo fixado, a Comissão Interamericana de Direitos Humanos verificará se existem ou subsistem os motivos da petição ou comunicação. No caso de não existirem ou não subsistirem, a Comissão mandará arquivar o expediente.

No entanto, se o expediente não houver sido arquivado, com o fim de comprovar os fatos, a Comissão procederá, com conhecimento das partes, a um exame aprofundado do assunto exposto na petição ou comunicação e, se necessário e conveniente, investigará os fatos imputados ao Estado.

Investigados os fatos e examinada a matéria, a Comissão Interamericana de Direitos Humanos buscará uma solução amistosa entre as partes. Havendo êxito na tentativa de conciliação, a Comissão redigirá um relatório, que deverá conter uma breve exposição dos fatos e do acordo entabulado, encaminhado-o ao peticionário, aos Estados partes da Convenção Americana sobre Direitos Humanos e ao Secretário-Geral da Organização dos Estados Americanos (OEA) para publicação.

Não se obtendo êxito na solução consensual da controvérsia, a Comissão redigirá um relatório, denominado de *Informe Preliminar* ou *Primeiro Informe*, noticiando se foi ou não constatada a violação de direitos humanos consagrados na Convenção Americana sobre Direitos Humanos e, se for o caso, formulando proposições e recomendações ao Estado demandado.

O relatório inicial é confidencial e deverá ser encaminhado ao Estado réu para cumprir, no prazo de até três meses, as recomendações e proposições impostas pela Comissão. Nesse período trimestral, o caso poderá ser resolvido amigavelmente pelas partes ou, não havendo solução amistosa, submetido à jurisdição da Corte Interamericana de Direitos Humanos.

Se no prazo de três meses, a partir da remessa aos Estados interessados do relatório da Comissão, o assunto não houver sido solucionado ou submetido à decisão da Corte pela Comissão ou pelo Estado interessado, aceitando sua competência, a Comissão poderá emitir, em *Segundo Informe*, pelo voto da maioria absoluta dos seus membros, sua opinião e conclusões sobre a questão submetida à sua consideração. Nesse caso, fará as recomendações pertinentes e fixará um prazo dentro do qual o Estado deve tomar as medidas que competir a ele para remediar a situação examinada. Transcorrido o prazo fixado, ela decidirá, pelo voto da maioria absoluta dos seus membros, se o Estado tomou ou não as medidas adequadas e se publica ou não seu relatório, conforme art. 51 da Convenção.

Note-se que esse *Segundo Informe* da Comissão somente será elaborado se o caso não houver sido submetido à Corte Interamericana de Direitos Humanos ou solucionado amistosamente pelas partes. De fato, o chamado *Segundo Informe* somente será elaborado se a questão não for submetida à Corte.

Reitere-se que se a Comissão constatar a existência de violação de direitos humanos consagrados na Convenção Americana, redigirá, de acordo com o art. 50 da referida Convenção, um relatório preliminar, denominado *Primeiro Informe*, com as proposições e recomendações que considerar pertinentes e o transmitirá ao Estado demandado, fixando prazo para que o mesmo comunique a respeito das medidas adotadas em cumprimento às recomendações.

Se a Comissão considerar que o Estado réu não cumpriu com as recomendações contidas no *Primeiro Informe*, deverá submeter o caso à Corte, salvo decisão fundamentada da maioria absoluta dos seus membros em sentido contrário, conforme art. 45 do Estatuto da Comissão.

Em caso de não cumprimento das recomendações e proposições determinadas pela Comissão Interamericana de Direitos Humanos por parte do Estado réu, o encaminhamento do caso à Corte Interamericana de Direitos Humanos é direta e automática, o que diminui a discricionariedade e seletividade política realizada pela Comissão Interamericana de Direitos Humanos.[273]

Ademais, o caso somente poderá ser submetido à jurisdição contenciosa da Corte Interamericana de Direitos Humanos se o Estado

---

[273] PIOVESAN. *Direitos humanos e justiça internacional*, p. 135.

réu houver aceito a jurisdição da aludida Corte, nos termos do artigo 62.3 da Convenção Americana sobre Direitos Humanos:

> A Corte tem competência para conhecer de qualquer caso, relativo à interpretação e aplicação das disposições desta Convenção, que lhe seja submetido, desde que os Estados-partes no caso tenham reconhecido ou reconheçam a referida competência, seja por declaração especial, como prevêem os incisos anteriores, seja por convenção especial.

Finalmente, a Comissão poderá, por iniciativa própria ou a pedido da parte, solicitar que um Estado adote medidas cautelares para prevenir danos irreparáveis ou de difícil reparação às pessoas ou ao objeto do processo relativo a uma petição ou caso pendente ou a pessoas que se encontrem sob sua jurisdição, independentemente, neste caso, de qualquer petição ou caso pendente, nos termos do art. 25 do Estatuto da Comissão.

Ela poderá ainda solicitar, com fulcro no art. 76 de seu Estatuto, à Corte a adoção de medidas provisórias, em casos de extrema urgência e gravidade, com o objetivo de prevenir dano irreparável ou difícil reparação às pessoas e a direitos humanos reconhecidos na Convenção, num assunto ainda não submetido à consideração da Corte.

4.3 Corte Interamericana de Direitos Humanos

Com a entrada em vigor da Convenção Americana sobre Direitos Humanos em 1978, criou-se o segundo órgão de proteção dos direitos humanos nas Américas, a Corte Interamericana de Direitos Humanos, com sede na capital da Costa Rica.

Enquanto a Comissão Interamericana de Direitos Humanos atua como órgão vinculado à Organização dos Estados Americanos (OEA) e à Convenção Americana sobre Direitos Humanos, a Corte Interamericana de Direitos Humanos é um órgão jurisdicional autônomo apenas da Convenção Americana e não da Organização dos Estados Americanos (OEA).

A Corte Interamericana de Direitos Humanos é composta de sete juízes, nacionais dos Estados membros da Organização dos Estados Americanos (OEA), que são eleitos a título pessoal dentre juristas da mais alta autoridade moral, de reconhecida competência em matéria de direitos humanos, e que reúnam as condições requeridas para o exercício das mais elevadas funções judiciais, de acordo com a lei do Estado do qual sejam nacionais, ou do Estado que os propuser como candidatos. Ademais, não deve haver dois juízes da mesma nacionalidade na composição da referida Corte.

Os juízes da Corte Interamericana de Direitos Humanos serão eleitos para um mandato de seis anos, permitida uma única recondução, em votação secreta e pelo voto da maioria absoluta dos Estados partes na Convenção Americana, na Assembleia-Geral da Organização dos Estados Americanos (OEA), a partir de uma lista de candidatos propostos pelos mesmos Estados. Cada um dos Estados partes pode propor até três candidatos, nacionais do Estado que os propuser ou de qualquer outro Estado membro da Organização dos Estados Americanos (OEA). E quando propuser uma lista de três candidatos, pelo menos um deles deverá ser nacional do Estado diferente do proponente.

Os primeiros juízes da Corte Interamericana de Direitos Humanos foram eleitos em 22 de maio de 1979 pelos Estados partes da Convenção Americana. A primeira reunião da Corte ocorreu em junho de 1979 na sede da Organização dos Estados Americanos (OEA), em Washington. Em seguida, realizou-se a cerimônia de instalação da sede da Corte Interamericana de Direitos Humanos em San José, capital da Costa Rica, em 03 de setembro de 1979.

O art. 55 da Convenção Americana sobre Direitos Humanos prevê a possibilidade de um Estado parte da Convenção designar uma pessoa de sua escolha para integrar a Corte Interamericana de Direitos Humanos, na qualidade de juiz *ad hoc*, se um dos juízes chamados a conhecer do caso for de nacionalidade do outro Estado parte no caso submetido à Corte. Da mesma forma, se, dentre os juízes chamados a conhecer do caso, nenhum for da nacionalidade dos Estados partes, cada um destes poderá designar um juiz *ad hoc*.

A Corte Interamericana de Direitos Humanos assentou, na Opinião Consultiva nº 20/2009, que se deve dar à figura do juiz *ad hoc* aplicação restrita, no sentido de que o artigo 55 da Convenção Americana constitui uma exceção às normas gerais de composição da aludida Corte, por ser aplicável unicamente no âmbito de um caso contencioso originado por uma comunicação interestatal, isto é, só é possível a indicação de juiz *ad hoc* nas demandas interestatais, não havendo que se falar em juiz *ad hoc* nos casos iniciados pela Comissão Interamericana de Direitos Humanos a pedido de vítimas de violações de direitos humanos.

Na referida Opinião Consultiva, a Corte reconheceu ainda o impedimento do juiz nacional do Estado demandado de participar do julgamento de casos concretos iniciados a partir de petições individuais e submetidos à jurisdição contenciosa da Corte. A sua participação só será possível em demandas interestatais.

AUGUSTO CÉSAR LEITE DE RESENDE
A TUTELA JURISDICIONAL DO DIREITO HUMANO AO MEIO AMBIENTE...

A Corte tem competência consultiva, relativa à interpretação e aplicação das disposições da Convenção Americana sobre Direitos Humanos ou de outros tratados concernentes à proteção dos direitos humanos nos Estados americanos, e competência jurisdicional, de caráter contencioso, para julgamentos de casos de violações de direitos humanos consagrados na Convenção Americana.

A competência contenciosa da Corte se submete à chamada cláusula facultativa, pois tal competência da Corte somente engloba aqueles Estados partes da Convenção Americana que reconheceram expressamente a sua jurisdição contenciosa, nos termos do art. 62 do Pacto de San José da Costa Rica.

No que toca à competência consultiva da Corte, não há a necessidade de prévio reconhecimento de tal competência porque os Estados membros da Organização dos Estados Americanos (OEA), ainda que não sejam partes da Convenção Americana sobre Direitos Humanos, poderão consultar a Corte Interamericana sobre a interpretação do Pacto de San José da Costa Rica ou de outros tratados relativos à proteção dos direitos humanos nos Estados americanos.[274]

Flávia Piovesan é clara ao aduzir que "qualquer membro da OEA — parte ou não da Convenção — pode solicitar o parecer da Corte em relação à interpretação da Convenção ou de qualquer outro tratado relativo à proteção dos direitos humanos nos Estados americanos".[275]

Vale destacar ainda que a Corte Interamericana de Direitos Humanos poderá exercer, a pedido de um Estado membro da Organização dos Estados Americanos (OEA), o controle de convencionalidade da legislação doméstica do respectivo Estado em face da Convenção Americana sobre Direitos Humanos ou de outros instrumentos normativos internacionais relativos à proteção dos direitos humanos nos Estados americanos, conforme o disposto no art. 64.2 do Pacto de San José da Costa Rica.

4.3.1 Processo contencioso perante a Corte Interamericana de Direitos Humanos

Nos termos do art. 61 da Convenção Americana sobre Direitos Humanos, somente os Estados partes e a Comissão Interamericana de Direitos Humanos têm direito de submeter um caso à decisão da Corte,

---

[274] Art. 64 da Convenção Americana sobre Direitos Humanos.
[275] PIOVESAN. *Direitos humanos e direito constitucional internacional*, p. 267.

ou seja, diferentemente do sistema europeu de direitos humanos, os particulares não podem demandar diretamente na Corte Interamericana de Direitos Humanos, o que constitui um verdadeiro obstáculo à plena e efetiva promoção e proteção dos direitos humanos no continente. Assim, caberá à Comissão submeter a questão, preenchidos os requisitos convencionais, à Corte Interamericana de Direitos Humanos.

As demandas contenciosas na Corte têm início, portanto, mediante provocação de Estados partes da Convenção Americana ou da Comissão Interamericana de Direitos Humanos. A situação mais comum é a provocação da Corte pela Comissão porque os Estados temem retaliações na "mesma moeda" e mal estar diplomático.

Se o Estado réu não acatar as recomendações contidas no *Primeiro Informe*, a Comissão submeterá a questão à apreciação da Corte Interamericana de Direitos Humanos, salvo decisão fundamentada da maioria absoluta dos seus membros em sentido contrário, conforme art. 45 do Estatuto da Comissão Interamericana de Direitos Humanos.

O rito processual contencioso perante a Corte Interamericana de Direitos Humanos é muito parecido com o processo de conhecimento regulado pelo Código de Processo Civil brasileiro, com três fases bastante nítidas, quais sejam, a postulatória, probatória e decisória.

Se o caso for submetido à Corte pela Comissão, o início da ação internacional por violação de direitos humanos se dará através da apresentação do *Primeiro Informe*, ao qual se refere o artigo 50 da Convenção Americana, desde que preenchidos alguns requisitos, a saber: a) identificação das vítimas; b) os nomes dos Delegados; c) os nomes, endereço, telefone, correio eletrônico e fac-símile dos representantes das supostas vítimas devidamente credenciados, se for o caso; d) os motivos que levaram a Comissão a apresentar o caso ante a Corte e suas observações à resposta do Estado demandado às recomendações do primeiro informe; e) cópia da totalidade do expediente ante a Comissão, incluindo toda comunicação posterior ao relatório ao que se refere o artigo 50 da Convenção; f) as provas que a Comissão recebeu, incluindo o áudio ou a transcrição, com indicação dos fatos e argumentos sobre os quais versam; g) quando se afetar de maneira relevante a ordem pública interamericana dos direitos humanos, a eventual designação dos peritos, indicando o objeto de suas declarações e acompanhando seu currículo e h) as pretensões, incluídas as que concernem a reparações. Ademais, a Comissão ainda deverá indicar quais fatos contidos no Primeiro Informe se submetem à consideração da Corte.

Em se tratando de demanda interestatal, a ação internacional se iniciará com a apresentação de petição inicial escrita, observados os requisitos estabelecidos no art. 36 do Regulamento da Corte Interamericana de Direitos Humanos.

Preenchidos os requisitos estabelecidos no Regulamento da Corte, o Secretário notificará a apresentação do caso à Presidência e aos Juízes do referido Tribunal, ao Estado demandado, à Comissão Interamericana de Direitos Humanos, se se tratar de demanda interestatal e também notificará a suposta vítima, seus representantes ou o Defensor Interamericano, se as vítimas não tiverem representação legal no Tribunal.

As vítimas serão notificadas para, no prazo improrrogável de dois meses, apresentarem autonomamente ao Tribunal seu escrito de petições, argumentos e provas. Por sua vez, o Estado demandado será notificado para, no prazo também improrrogável de dois meses, oferecer resposta, sob a forma de exceções preliminares e contestação, acerca de questões prévias ou de mérito.

Na contestação, o Estado deverá indicar: a) se aceita os fatos e as pretensões ou se os refuta; b) as provas oferecidas devidamente ordenadas, com indicação dos fatos e argumentos sobre os quais versam; c) a propositura e identificação dos declarantes e o objeto de sua declaração e, no caso de peritos, deverá remeter seu currículo e seus dados de contato e d) os fundamentos de direito, as observações às reparações e às custas solicitadas, bem como as conclusões pertinentes.

Se transcorrer *in albis* o prazo assinalado no art. 41.1 do Regulamento do Tribunal, ou se o Estado réu reconhecer a veracidade dos fatos a ele imputados, a Corte poderá de imediato por fim, mediante sentença, à ação internacional.

Suscitadas exceções preliminares, a Corte deverá, em homenagem ao princípio do contraditório, ouvir, no prazo de trinta dias, a Comissão, as supostas vítimas ou seus representantes e, se for o caso, o Estado demandante, que poderão apresentar suas observações às exceções preliminares.

Se houver a necessidade de produção de prova oral, a Corte Interamericana de Direitos Humanos promoverá, conforme o caso, a oitiva das vítimas, testemunhas e peritos. Após, o citado Tribunal fixará prazo para que as supostas vítimas ou seus representantes, o Estado demandado e, se for o caso, o Estado demandante apresentem alegações finais. A Comissão poderá, se entender conveniente, apresentar observações finais escritas dentro do mesmo prazo assinalado às partes para apresentações de alegações finais.

Encerrada a fase probatória, a Corte Interamericana de Direitos Humanos, no exercício da competência contenciosa, preferirá sentenças definitivas e inapeláveis,[276] e, em caso de procedência, determinará ao Estado condenado que assegure ao prejudicado o gozo do seu direito ou liberdade violados e determinará também, se for o caso, que sejam reparadas as consequências da medida ou situação que haja configurada a violação de direitos humanos, bem como o pagamento de indenização justa à parte lesada, nos termos do art. 63 da Convenção Americana sobre Direitos Humanos.

O conceito de reparação em direito internacional é mais amplo do que no direito interno porque, além da obrigação de indenização econômica às vítimas e familiares das vítimas, as sentenças condenatórias internacionais incluem as reparações simbólicas, a promoção das responsabilidades internas pela violação e as chamadas "medidas de não repetição", que podem envolver alterações de políticas públicas, de legislação interna e de jurisprudência pacificada até mesmo da Corte Suprema de um país.[277] Desse modo, a Corte Interamericana de Direitos Humanos pode condenar o Estado demandado a obrigações de pagar, não fazer e fazer, inclusive a implementação de políticas públicas.

No caso Artavia Murillo Y Otros ("Fecundación *In Vitro*"), a Costa Rica foi demanda perante a Corte Interamericana de Direitos Humanos porque a Suprema Corte daquele Estado declarou a inconstitucionalidade do Decreto Executivo nº 24029-S, que disciplinava a técnica da fertilização in vitro no país, que na prática acabou por proibir a fecundação *in vitro* na Costa Rica, razão pela qual algumas pessoas foram forçadas interromper o tratamento médico que haviam iniciado e outras se viram obrigadas a viajar para outros países para poder realizar a fecundação *in vitro*.

Nesse caso, a Corte reconheceu a responsabilidade internacional da Costa Rica por violação do direito à vida privada e familiar, do direito à integridade pessoal, do direito à saúde sexual, do direito de usufruir dos benefícios do progresso científico e tecnológico e do princípio da não discriminação, consagrados nos artigos 5.1, 7, 11.2 e 17.2 combinados ainda com o art. 1.1, todos da Convenção Americana sobre Direitos Humanos, em desfavor de Grettel Artavia Murillo, Miguel Mejías Carballo, Andrea Bianchi Bruna, German Alberto Moreno Valencia, Ana Cristina Castillo León, Enrique Acuña Cartín, Ileana Henchoz Bolaños,

---

[276] O único recurso cabível contra sentenças de exceções preliminares, mérito ou reparações e custas proferidas pela Corte Interamericana de Direitos Humanos é uma espécie de embargos de declaração (pedido de interpretação), previsto no art. 67 do Pacto de San José da Costa Rica.

[277] BERNARDES. *SUR – Revista Internacional de Direitos Humanos*, p. 148.

Miguel Antonio Yamuni Zeledón, Claudia María Carro Maklouf, Víktor Hugo Sanabria León, Karen Espinoza Vindas, Héctor Jiménez Acuña, Maria del Socorro Calderón P., Joaquinita Arroyo Fonseca, Geovanni Antonio Vega, Carlos E. Vargas Solórzano, Julieta González Ledezma e Oriester Rojas Carranza.

Na sentença, a Corte condenou a Costa Rica a pagar U$20.000,00 (vinte mil dólares), a título de danos morais, a cada uma das vítimas e a pagar U$5.000,00 (cinco mil dólares), a título de danos materiais, àquelas pessoas que tiveram que viajar para o exterior para ter acesso à técnica da fertilização *in vitro*.

O Tribunal condenou ainda a Costa Rica às seguintes obrigações de fazer: a) adotar, com a maior brevidade possível, as medidas necessárias para tornar sem efeito a proibição da fertilização *in vitro* e para que as pessoas que desejem fazer uso da mencionada técnica de reprodução assistida não encontrem empecilhos ao exercício dos direitos vulnerados no caso; b) regular, com brevidade, os aspectos que considere necessários para a implementação da fertilização *in vitro* no país, devendo estabelecer sistemas de inspeção e controle de qualidade das instituições e profissionais que desenvolvam esse tipo de reprodução assistida; c) incluir em seu sistema público de saúde a técnica da fertilização *in vitro*; d) oferecer tratamento psicológico gratuito, durante quatro anos, às vítimas do caso julgado e e) implementar programas e cursos permanentes de educação e capacitação em direitos humanos, direitos reprodutivos e não discriminação dirigidos a magistrados e servidores públicos de todo o Poder Judiciário costarriquenho.[278]

No caso Barrios Altos, a Corte Interamericana de Direitos Humanos condenou o Peru a tornar sem efeito as leis de anistias relacionadas com o chamado "massacre de Barrios Altos", no qual agentes policiais peruanos executaram quinze pessoas. Desse modo, o Peru deve reabrir as investigações sobre o caso e identificar, processar e punir os agentes que participaram do massacre. No caso, a Corte considerou que as leis de anistias são incompatíveis com a Convenção Americana porque impede o acesso à Justiça, embaraça o livre exercício do direito à verdade e impede a responsabilização de agentes agressores dos direitos humanos.[279]

---

[278] ORGANIZAÇÃO DOS ESTADOS AMERICANOS. Corte Interamericana de Direitos Humanos, *Caso Artavia Murillo y Otros ("Fecundación In Vitro") vs. Costa Rica,* Sentença de 28 de novembro de 2012, Série C, n. 257.

[279] ORGANIZAÇÃO DOS ESTADOS AMERICANOS. Corte Interamericana de Direitos Humanos, *Caso Chumbipuma Aguirre y Otros vs. Peru,* Sentença de 14 de março de 2001, Série C, n. 75.

Em outro caso, a Corte Interamericana de Direitos Humanos condenou o Suriname à obrigação de fazer consistente na reabertura de uma escola localizada em Gujaba, dotando-a de corpo docente e quadro de pessoal administrativo suficiente para que a unidade de ensino funcione de forma plena e permanente.[280]

No caso Guerrilha do Araguaia, a Corte condenou a República Federativa do Brasil a promover a responsabilidade criminal dos agentes perpetradores de crimes contra a humanidade a implementar programas ou cursos permanentes e obrigatórios de capacitação e formação em direitos humanos dirigidos aos membros das Forças Armadas e a tipificar o crime de desaparecimento forçado de pessoas.[281]

Como se vê, a Corte Interamericana de Direitos Humanos tem ampla margem de atuação em sua competência jurisdicional contenciosa porque, repita-se, pode condenar o Estado demandado às obrigações de fazer, não fazer e pagar que se fizerem necessárias para garantir a plena reparação dos danos decorrentes de violações de direitos humanos reconhecidos no Pacto de San José da Costa Rica.

As reparações não são mais limitadas ao pagamento de indenizações, mas, por exemplo, a ordenar aos Estados demandados que adotem leis que lhes permitam o devido cumprimento das obrigações internacionais, que alterem ou revoguem leis internas que sejam incompatíveis com a Convenção Americana sobre Direitos Humanos ou ainda que anulem ou executem uma decisão judicial proferida por um órgão jurisdicional doméstico.[282]

Aliás, Antônio Augusto Cançado Trindade sustenta que:

> Todo Estado Parte em um tratado de direitos humanos tem, ao violar uma de suas disposições, a obrigação de fazer cessar a violação comprovada, prover as reparações por suas consequências, e garantir a não-repetição de violação do gênero.[283]

E mais,

---

[280] ORGANIZAÇÃO DOS ESTADOS AMERICANOS. Corte Interamericana de Direitos Humanos, *Caso Aloeboetoe y Otros vs. Suriname*, Sentença de 10 de setembro de 1993, Série C, n. 15.

[281] ORGANIZAÇÃO DOS ESTADOS AMERICANOS. Corte Interamericana de Direitos Humanos, *Caso Gomes Lund y Otros (Guerrilha do Araguaia) vs. Brasil*, Sentença de 24 de novembro de 2010, Série C, n. 219.

[282] PIOVESAN. *Direitos humanos e justiça internacional*, p. 156.

[283] CANÇADO TRINDADE. *Tratado de direito internacional de direitos humanos*, v. 2, p. 170.

As reparações não-pecuniárias são, em nosso entender, muito mais importantes do que possam *prima facie* parecer: são elas que buscam assegurar a validade continuada das obrigações convencionais violadas. Podem assumir a forma de medidas positivas a ser tomadas pelo Estado no sentido de garantir a conformidade de sua conduta futura com aquelas obrigações, ainda que para isto seja necessário modificar disposições da legislação nacional a fim de harmonizá-las com a normativa internacional de proteção.[284]

Enfim, é perfeitamente possível à Corte Interamericana de Direitos Humanos condenar a República Federativa do Brasil a realizar prestações de natureza fática ou jurídica necessárias para o efetivo exercício dos direitos humanos consagrados na Convenção Americana sobre Direitos Humanos.

4.4 A proteção do direito ao meio ambiente sadio perante a Corte Interamericana de Direitos Humanos

Inicialmente, cumpre destacar que "as normas definidoras de Direitos Humanos, sejam elas Constitucionais ou Internacionais, são portadoras da marca das *jus cogens* (normas imperativas e de aplicabilidade imediata)".[285] Os direitos sociais, econômicos e culturais, inclusive o direito ao meio ambiente sadio, são reconhecidos por Constituições de diversos Estados, mas também em tratados internacionais de direitos humanos, tais como o Pacto Internacional sobre Direitos Econômicos, Sociais e Culturais e o Protocolo de San Salvador, que vinculam juridicamente os Estados partes, gerando deveres e responsabilidades a eles.

Os tratados de direitos humanos, ainda que sociais, econômicos e culturais, são normas jurídicas e, como tais, dotados de imperatividade. Não se trata de meros documentos políticos ou morais, de um simples convite aos Estados a empreender ações concretas que deem efetividade a tais direitos humanos.

Ao analisar os caracteres obrigatório e vinculante dos direitos sociais, econômicos e culturais, Flávia Piovesan leciona que:

> Sob a ótica normativa internacional, está definitivamente superada a concepção de que os direitos sociais, econômicos e culturais não são direitos legais. A ideia de não acionabilidade dos direitos sociais é

---

[284] CANÇADO TRINDADE. *Tratado de direito internacional de direitos humanos*, v. 2, p. 178-179.
[285] PAGLIARINI. *Direito constitucional e internacional dos direitos humanos*, p. 30.

meramente ideológica e não científica. São eles autênticos direitos e verdadeiros direitos fundamentais, acionáveis, exigíveis e demandam séria e responsável observância.[286]

A Convenção Americana sobre Direitos Humanos consagrou os chamados direitos civis e políticos, reservando apenas um único artigo aos direitos sociais, econômicos e culturais, ao ressaltar, em seu art. 26, que os Estados partes se comprometem a adotar as providências, tanto no âmbito interno, como mediante cooperação internacional, especialmente econômica e técnica, a fim de conseguir progressivamente a plena efetividade dos direitos que decorrem das normas econômicas, sociais e sobre educação, ciência e cultura, constantes da Carta da Organização dos Estados Americanos, reformada pelo Protocolo de Buenos Aires, na medida dos recursos disponíveis, por via legislativa ou por outros meios apropriados. Ou seja, o Pacto de San José da Costa Rica não reconhece de forma específica qualquer direito social, econômico ou cultural.

Em 1988, elaborou-se o Protocolo Adicional à Convenção Americana sobre Direitos Humanos em Matéria de Direitos Econômicos, Sociais e Culturais, denominado de "Protocolo de San Salvador", sendo que o Brasil somente aderiu ao referido protocolo em 1996.

O Protocolo de San Salvador traz um amplo rol de direitos sociais, econômicos e culturais, compreendendo o direito ao trabalho, os direitos sindicais, o direito à previdência social, o direito à saúde, o direito ao meio ambiente sadio, o direito à alimentação, o direito à educação, o direito aos benefícios da cultura, o direito à constituição e proteção da família, o direito das crianças, o direito dos idosos e o direito dos portadores de necessidades especiais.

O artigo 11 do Protocolo Adicional à Convenção Americana sobre Direitos Humanos em Matéria de Direitos Econômicos, Sociais e Culturais (Protocolo de San Salvador) consagra o direito a um meio ambiente sadio, ao dispor que "toda pessoa tem direito a viver em meio ambiente sadio e a contar com os serviços públicos básicos" e que "os Estados Partes promoverão a proteção, preservação e melhoramento do meio ambiente".

Em seu art. 1º, o Protocolo estabelece o princípio da progressividade dos direitos sociais ao aduzir que os Estados partes se comprometem a adotar as medidas necessárias, tanto de ordem interna como por meio da cooperação entre eles, especialmente nas áreas econômica

---

[286] PIOVESAN. *Temas de direitos humanos*, p. 128.

e técnica, até o máximo dos recursos disponíveis e levando em conta seu grau de desenvolvimento, a fim de conseguir, progressivamente e de acordo com a legislação interna, a plena efetividade dos direitos sociais, econômicos e culturais nele reconhecidos.

Em face do princípio da progressividade, o Estado deve adotar medidas concretas, até o máximo de seus recursos disponíveis, com vistas a alcançar a completa realização do direito ao meio ambiente sadio, ou seja, a República Federativa do Brasil deverá implementar, progressivamente, de acordo com as suas disponibilidades de caixa, políticas públicas ambientais necessárias a tornar efetivo o direito humano ao meio ambiente ecologicamente equilibrado, não se admitindo, por consequência, qualquer recuo ou retrocesso no que toca ao referido direito humano. Nessa trilha é o entendimento de Flávia Piovesan:

> Este protocolo acolhe — tal como o Pacto Internacional dos Direitos Econômicos, Sociais e Culturais — a concepção de que cabe aos Estados investir o máximo dos recursos disponíveis para alcançar, progressivamente, mediante esforços internos e por meio da cooperação internacional, a plena efetividade dos direitos econômicos, sociais e culturais.[287]

Ademais, o princípio da progressividade deve ser interpretado sistematicamente com o princípio da aplicação máxima dos recursos disponíveis porque o Estado somente se desincumbe do dever fundamental de concretizar progressivamente os direitos econômicos, sociais, culturais e ambientais se comprovar a aplicação do máximo dos recursos disponíveis nesse sentido.[288] E "recursos disponíveis" não são os alocados abstratamente nas leis orçamentárias em cada rubrica, mas sim a integralidade das receitas diretas e indiretas do Estado.[289]

Desse modo, se os meios financeiros são limitados, os recursos disponíveis deverão ser aplicados prioritariamente na satisfação do bem-estar do homem, o que envolve necessariamente a realização dos direitos civis, políticos, econômicos, sociais, culturais e ambientais. Os recursos remanescentes, aí sim, poderão ser destinados de acordo com as escolhas políticas de conveniência e oportunidade dos administradores públicos.

---

[287] PIOVESAN. *Temas de direitos humanos*, p. 140.

[288] SGARBOSSA. *Crítica à teoria dos custos dos direitos*: reserva do possível, p. 320.

[289] SGARBOSSA. *Crítica à teoria dos custos dos direitos*: reserva do possível, p. 322.

A promoção do bem-estar humano tem como ponto de partida assegurar a sua própria dignidade, a qual inclui, além da proteção dos direitos civis e políticos, a satisfação do mínimo existencial, isto é, das condições materiais mínimas de existência,[290] que congrega, como já visto alhures, o direito ao meio ambiente sadio.

Com efeito, os recursos disponíveis deverão ser aplicados prioritariamente no atendimento dos direitos humanos insertos no conteúdo do mínimo existencial até que eles sejam realizados, o que é prioridade do Estado brasileiro, de modo que somente após assegurar este padrão mínimo socioambiental é que o restante dos recursos poderá ser aplicado segundo as propostas políticas do administrador público.

Registre-se que o direito ao meio ecologicamente equilibrado não impõe apenas ao Estado a obrigação de implementar políticas públicas ambientais, mas também os deveres de não agredir e de evitar e impedir que particulares degradem o meio ambiente. Isto é, o Estado não pode ser evidentemente poluidor e deve estruturar suas entidades, órgãos e agentes públicos com o fim de fiscalizar e punir as atividades privadas efetivas ou potencialmente agressoras do meio ambiente, já que eventuais danos ambientais causados por particulares serão imputados, no plano internacional, ao Estado.

No âmbito do Sistema Interamericano de Direito Humanos, constatada a violação dos direitos econômicos, sociais e culturais consagrados no Protocolo de San Salvador por Estado parte, pode a Comissão Interamericana de Direitos Humanos elaborar relatório sobre a situação dos chamados direitos sociais, econômicos e culturais, com posterior encaminhamento à Assembleia-Geral da Organização dos Estados Americanos (OEA), para decisão política.[291]

As violações dos direitos sociais, econômicos e culturais reconhecidos no Protocolo de San Salvador não se submetem ao sistema de petições individuais regulado pelos artigos 44 a 51 e 61 a 69 da Convenção Americana sobre Direitos Humanos e, por consequência, não se sujeitam à jurisdição contenciosa da Corte Interamericana de Direitos Humanos, à exceção dos direitos relativos à liberdade sindical, à livre associação sindical e à educação, conforme art. 19.6 do Protocolo de San Salvador.

---

[290] BARCELLOS. *A eficácia jurídica dos princípios constitucionais*: o princípio da dignidade da pessoa humana, p. 272.

[291] RAMOS. *Processo internacional de direitos humanos*, p. 302.

O direito ao meio ambiente sadio não pode ser diretamente reivindicado perante a Corte Interamericana de Direitos Humanos pelos seus titulares.[292] Porém, a Convenção Americana e o Protocolo de San Salvador não teriam qualquer significação prática sem a possibilidade de sua efetiva aplicação e sem a existência de mecanismos jurisdicionais que assegurassem a aplicabilidade dos direitos humanos neles consagrados,[293] dentre os quais o direito ao meio ambiente sadio. Por essa razão, deve-se buscar o "esverdeamento" do sistema interamericano de direitos humanos, isto é, a proteção ambiental pela via reflexa ou indireta.[294]

Os direitos humanos são indivisíveis no sentido de que devem possuir igual validade e proteção jurídica, sejam eles direitos civis, políticos, econômicos, sociais, culturais ou ambientais, formando um todo harmônico e indivisível porque são concretizações da dignidade da pessoa humana e visam, em suma, proporcionar ao ser humano uma vida digna, constituindo, destarte, um todo harmônico e indissolúvel. Ora, "a proteção dos direitos humanos orbita em torno da preservação da dignidade da pessoa humana, sendo impossível, então, cindir tal proteção por espécie de direito".[295]

Assim, a efetividade dos direitos civis e políticos ficará comprometida sem o gozo dos direitos econômicos, sociais e culturais e, inversamente, sem os direitos civis e políticos, os direitos econômicos, sociais e culturais não têm sentido para os seres humanos, havendo, dessa maneira, a necessidade de união indissolúvel dos direitos humanos em geral.

Apesar de autônomos, interagem-se e se inter-relacionam, não podendo ser interpretados e aplicados de forma compartimentalizada, mas sim conjuntamente, razão pela qual as violações de direitos econômicos, sociais e culturais, inclusive o direito ao meio ambiente sadio, acarretam, em muitos casos, danos a direitos civis e políticos e vice-versa.[296]

Dada a indivisibilidade e interdependência dos direitos humanos, a existência de obstáculos jurídicos à tutela judicial direta dos direitos econômicos, sociais e culturais não impede a proteção indireta

---

[292] CANÇADO TRINDADE. *Direitos humanos e meio ambiente*: paralelo dos sistemas de proteção internacional, p. 187.

[293] LIMA JÚNIOR. *Os direitos humanos econômicos, sociais e culturais*, p. 86.

[294] TEIXEIRA. *O greening no sistema interamericano de direitos humanos*, p. 107.

[295] RAMOS. *A teoria geral dos direitos humanos na ordem internacional*, p. 164.

[296] ABRAMOVICH; COURTIS. *Los derechos sociales como derechos exigibles*, p. 200.

de tais direitos, isto é, mediante as possibilidades de justiciabilidade e de mecanismos de tutela dos direitos civis e políticos. A propósito:

> [...] dada las escasas posibilidades de justiciabilidad directa de los derechos económicos, sociales y culturales por no haberse previsto mecanismos de petición individual en los respectivos tratados, los casos de tutela de aquellos derechos ante tribunales internacionales provienen con frecuencia de la invocación de la violación de derechos civiles y políticos.[297]

Nesse diapasão, a Comissão Interamericana de Direitos Humanos e a Corte Interamericana de Direitos Humanos podem abordar, com fulcro na indivisibilidade e interdependência dos direitos humanos, a questão da proteção ambiental de forma reflexa ou indireta em casos relativos a violações de direitos civis e políticos ou de outros direitos sociais afirmados na Convenção Americana sobre Direitos Humanos e no Protocolo de San Salvador.

Com efeito, embora a Comissão Interamericana de Direitos Humanos e a Corte Interamericana de Direitos Humanos não tenham competência para tramitar e julgar denúncias de violações ao direito ao meio ambiente sadio, podem considerá-lo na aplicação e interpretação dos direitos civis e políticos consagrados na Convenção Americana, em especial o direito à vida, à privacidade, à vida familiar e à propriedade, e à educação previsto no Protocolo de San Salvador.

Aliás, André de Carvalho Ramos leciona que:

> Tanto o sistema universal quanto o regional (europeu e interamericano, em especial) possuem exemplos de interpretação ampliativa dos direitos civis e políticos, com o intuito de extrair direitos sociais ou ainda deveres de prestação e realização de políticas públicas.[298]

A proteção ambiental no sistema interamericano de direitos humanos é ainda muito incipiente.[299] E como não se pode invocar diretamente o direito humano ao meio ambiente sadio, urge a adoção estratégica da proteção e promoção da natureza pela via reflexa ou indireta perante a Corte Interamericana de Direitos Humanos.

---

[297] ABRAMOVICH; COURTIS. *Los derechos sociales como derechos exigibles*, p. 168.

[298] RAMOS. *Processo internacional de direitos humanos*, p. 310.

[299] TEIXEIRA. *O greening no sistema interamericano de direitos humanos*, p. 229.

Flávia Piovesan anota que a Corte Interamericana de Direitos Humanos adota três diferentes estratégias e argumentos na proteção dos direitos sociais, a saber: a) a dimensão positiva do direito à vida; b) o princípio da aplicação progressiva dos direitos sociais e c) a proteção indireta dos direitos sociais, mediante a proteção dos direitos civis,[300] estratégias essas que podem e devem ser usadas para a defesa jurisdicional da natureza.

Realmente, alguns casos de violação do direito humano ao meio ambiente sadio podem ser traduzidos em violações de direitos civis, cuja sindicabilidade judicial perante a Corte Interamericana de Direitos Humanos não se tem dúvidas. De fato, a conexão teórica e prática entre o direito humano ao meio ambiente sadio com outros direitos humanos se mostra inconteste. Por exemplo, o direito à vida e o direito ao meio ambiente sadio ou este e o direito de propriedade.

Nesse toar, a Corte Interamericana de Direitos Humanos poderá condenar a República Federativa do Brasil a empreender ações concretas de proteção e promoção da natureza sempre que um dano ambiental impedir o livre exercício de um direito civil ou político. De fato, a proteção e a promoção do direito humano ao meio ambiente sadio no âmbito do sistema interamericano de direitos humanos podem decorrer, por exemplo, da tutela dos direitos humanos à vida, à privacidade, à vida familiar, à propriedade e até mesmo à educação.

Isto é, podem-se utilizar casos de violações dos direitos à vida, à privacidade, à vida familiar ou à propriedade para proteger interesses vinculados ao direito humano ao meio ambiente ecologicamente equilibrado no âmbito da jurisdição da Corte Interamericana de Direitos Humanos e, por consequência, impor do Estado obrigações negativas e/ou positivas de promoção e proteção da natureza quando necessárias para a integral reparação às vítimas de violações dos retromencionados direitos civis.

Note-se que o conceito de reparação no âmbito dos sistemas internacionais de proteção dos direitos humanos é amplo porque compreende, além da obrigação de indenização econômica às vítimas e familiares das vítimas, as sentenças condenatórias internacionais que incluem as reparações simbólicas, a promoção das responsabilidades internas pela violação e as chamadas "medidas de não repetição", que podem envolver a implantação ou alterações de políticas públicas, a realização

---

[300] PIOVESAN. *Temas de direitos humanos*, p. 141-145.

de ações administrativas concretas, mudanças da legislação interna e da jurisprudência pacificada até mesmo da Corte Suprema de um país.[301]

Vale trazer à baila a lição de Antônio Augusto Cançado Trindade acerca das diferentes formas de reparação no âmbito do direito internacional dos direitos humanos. A propósito:

> A reparação assume formas distintas, tais como a restituição, a reabilitação, a indenização, a satisfação, e a garantia de não-repetição das violações dos direitos humanos. Pela *restitutio in integrum* se busca o restabelecimento — sempre que possível — do *statu quo ante*. A reabilitação compreende todas as medidas — médicas, jurídicas e outras — a ser tomadas para restabelecer a dignidade das vítimas. A indenização, frequente e indevidamente confundida com a reparação, da qual é tão só uma das formas — à luz do princípio geral do *neminem laedere*, compreende a soma pecuniária devida às vítimas pelos danos (material e moral) sofridos, e gastos em que incorreram. A satisfação está ligada à cessação das violações, assim como à garantia de não-repetição, que revela dimensão preventiva da proteção dos direitos humanos.[302]

Desse modo, a Corte Interamericana de Direitos Humanos pode condenar o Estado demandado a obrigações de pagar, não fazer e fazer, inclusive a implementação de políticas públicas destinadas à proteção do meio ambiente sadio com a finalidade de reparar danos causados diretamente a direitos civis e políticos.

Aliás, Victor Abramovich aponta que os tribunais regionais de direitos humanos já adotam a estratégia da exigibilidade e proteção indiretas dos direitos humanos sociais, econômicos e culturais a partir da tutela de direitos civis e políticos. Veja-se:

> [...] a jurisprudência dos órgãos de proteção internacional de direitos humanos e, em especial, a Corte Européia de Direitos Humanos (CEDH), estabeleceu a obrigação positiva dos Estados de: remover os obstáculos sociais que impossibilitam o acesso à jurisdição; *tomar medidas apropriadas para evitar que alterações ambientais cheguem a constituir uma violação do direito* à *vida privada e familiar*; e desenvolver ações afirmativas para impedir riscos previsíveis e evitáveis que afetem o direito à vida.[303] (grifos nossos)

---

[301] BERNARDES. *SUR* – Revista *Internacional de Direitos Humanos*, p. 148.

[302] CANÇADO TRINDADE. *Tratado de direito internacional de direitos humanos*, v. 2, p. 171-172.

[303] ABRAMOVICH. *SUR* – Revista *Internacional de Direitos Humanos*, p. 192.

O "esverdeamento" do sistema interamericano de direitos humanos e, por via de consequência, a efetiva tutela jurisdicional do direito humano ao meio ambiente sadio ante a Corte Interamericana de Direitos Humanos pode ser alcançado, em grande medida, através da participação das organizações não governamentais de proteção à natureza, já que "as ONGs são o motor do sistema interamericano".[304]

A maioria dos casos de violações de direitos humanos que chegam à Comissão Interamericana de Direitos Humanos são "denunciados" por organizações não governamentais. Os atores não estatais, em especial os relacionados com a temática ambiental, podem proporcionar, ao participarem do sistema interamericano, a promoção e proteção do direito ao meio ambiente sadio, ainda que indiretamente por meio dos direitos civis e políticos.

Flávia Piovesan, ao esclarecer que "o uso do sistema interamericano vem se consolidando como importante e eficaz estratégia de proteção dos direitos humanos, quando as instituições nacionais se mostram omissas ou falhas",[305] sugere estratégias a serem adotadas e apoiadas para uma política de defesa, proteção e promoção dos direitos humanos, inclusive o direito ao meio ambiente sadio. Dentre elas, destaca-se o uso da litigância internacional de interesse público como instrumento de transformação social (e porque não socioambiental?) no Brasil.[306]

A litigância internacional pode ensejar avanços concretos no regime de proteção e promoção dos direitos humanos na seara doméstica brasileira. Nesse toar, as organizações não governamentais, enquanto atores sociais, podem se socorrer do chamado litígio estratégico para provocar transformações socioambientais no âmbito interno dos Estados.

Segundo Evorah Lusci Costa Cardoso, "como o próprio termo 'litígio' já denota, trata-se de uma mobilização direcionada a um tipo de fórum, as cortes. O litígio estratégico tem como premissa a capacidade de as cortes transformarem a realidade social".[307] E mais:

> O litígio estratégico busca, por meio do uso do judiciário e de casos paradigmáticos, alcançar mudanças sociais. Os casos escolhidos como ferramentas para transformação da jurisprudência dos tribunais e

---

[304] CARDOSO. *Litígio estratégico e sistema interamericano de direitos*, p. 72.

[305] PIOVESAN. *Temas de direitos humanos*, p. 471.

[306] PIOVESAN. *Temas de direitos humanos*, p. 477.

[307] CARDOSO. *Litígio estratégico e sistema interamericano de direitos humanos*, p. 39-40.

CAPÍTULO 4 | 149
DIREITO HUMANO AO MEIO AMBIENTE SADIO NO SISTEMA INTERAMERICANO DE DIREITOS HUMANOS

formação de precedentes, para provocar mudanças legislativas ou de políticas públicas. Trata-se de método, uma técnica que pode ser utilizada para diferentes fins/temas.[308]

As entidades sociais de proteção da natureza poderão se utilizar do litígio com o objetivo de provocar, a partir de uma decisão judicial da Corte Interamericana, além da reparação individual, transformações socioambientais no âmbito interno dos Estados, tais como a implementação de políticas públicas ambientais, de leis e padrões de interpretações dos tribunais locais.[309]

Ressalte-se, porém, que o litígio estratégico não é condição *sine qua non* para a efetividade do direito humano ao meio ambiente sadio no âmbito da Corte Interamericana de Direitos Humanos, mas pode ser um instrumento bastante forte e útil para a proteção judicial da questão ambiental nas Américas.

Enfim, é possível ter acesso à tutela jurisdicional da Corte Interamericana de Direitos Humanos para a proteção indireta do direito humano ao meio ambiente sadio a partir de sua íntima relação com um direito civil ou político, como, por exemplo, os direitos à vida, à privacidade, à vida familiar ou à propriedade.

As violações a direitos humanos civis, que permitirão a tutela judicial indireta do direito ao meio ambiente sadio, ocorrerão sempre que o Estado não se desincumbir integralmente das obrigações de respeitar, de proteger, de garantir e de promover tais direitos. A esse respeito, Victor Abramovich explica:

> As obrigações de respeitar se definem pelo dever do Estado de não interferir nem obstaculizar ou impedir o acesso ao desfrute dos bens que constituem o objeto do direito. As obrigações de proteger consistem em evitar que terceiros interfiram, obstaculizem ou impeçam o acesso a esses bens. As obrigações de garantir pressupõem assegurar que o titular do direito tenha acesso ao bem quando não puder fazê-lo por si mesmo. As obrigações de promover se caracterizam pelo dever de criar condições para que os titulares do direito tenham acesso ao bem.[310]

Nesse contexto, é possível, como já ressaltado, a tutela jurisdicional do direito ao meio ambiente sadio perante a Corte Interamericana

---

[308] CARDOSO. *Litígio estratégico e sistema interamericano de direitos humanos*, p. 41.
[309] CARDOSO. *Litígio estratégico e sistema interamericano de direitos humanos*, p. 75.
[310] ABRAMOVICH. *SUR* – Revista *Internacional de Direitos Humanos*, p. 194-195.

em casos envolvendo violações do direito à vida. O art. 4º, §1º, do Pacto de San José da Costa Rica consagra o direito à vida, ao dispor que toda pessoa tem o direito de que se respeite sua vida e que ninguém pode ser privado da vida arbitrariamente. Entretanto, o referido direito civil não pode ser interpretado restritivamente, uma vez que a Convenção Americana assegura a todo ser humano não somente o direito à vida biológica, mas a vida com dignidade.

O direito humano à vida tem duas dimensões: a vertical e a horizontal.[311] "A dimensão vertical envolve a proteção da vida nas diferentes fases do desenvolvimento humano (da fecundação à morte)",[312] isto é, a vida biológica. Por sua vez, a dimensão horizontal engloba a qualidade da vida gozada, garantindo, por via de consequência, a vida com dignidade, o que implica o fato de que o direito à vida abarca a tutela do meio ambiente sadio.[313]

A dignidade da pessoa humana tem, como já ressaltado, uma dimensão ecológica, que alberga a qualidade de vida e a higidez do ambiente em que a vida humana se desenvolve, ou seja, a qualidade de vida é elemento normativo integrante do princípio da dignidade da pessoa humana.[314] Desse modo, faz-se mister a existência de um ambiente equilibrado e seguro para que existam condições bióticas e abióticas favoráveis ao desenvolvimento pleno da vida com qualidade e, consequentemente, com dignidade.

E mais, o direito à vida, biológica e digna, protegido pelo art. 4º, §1º, da Convenção Americana, impõe ao Estado não somente o dever de se abster de privar arbitrariamente a vida de alguém, mas também obrigações positivas no sentido de adotar ações concretas necessárias para garantir a vida com dignidade. Nesse sentido, a Corte Interamericana de Direitos Humanos firmou entendimento de que o direito à vida obriga o Estado a assegurar às pessoas uma existência digna, o que acarreta o dever de oferecer condições de vida digna.[315]

Isto significa que os agentes públicos brasileiros têm o dever convencional de empreender todas as medidas necessárias para garantir

---

[311] RAMOS. *Processo internacional de direitos humanos*, p. 311.

[312] RAMOS. *Processo internacional de direitos humanos*, p. 311.

[313] RAMOS. *Processo internacional de direitos humanos*, p. 311.

[314] SARLET; FENSTERSEIFER. *Direito constitucional ambiental*: Constituição, direitos fundamentais e proteção do ambiente, p. 89.

[315] ORGANIZAÇÃO DOS ESTADOS AMERICANOS. Corte Interamericana de Direitos Humanos. *Caso Villagrán Morales y Otros (Niños de la Calle)*. Sentença de 19 de novembro de 1999, Série C, n. 63.

a vida das pessoas, mesmo quando são ameaçados por particulares ou atividades que não são realizadas diretamente pelo Estado.[316] Desse modo, o art. 4º, §1º, da Convenção Americana, que tutela o direito à vida, poderá ser interpretado e aplicado pela Corte Interamericana de Direito Humanos sempre que se caracterizar uma situação em que o empreendimento de determinadas atividades, desenvolvidas pelo Estado ou por particulares, ao causar dano ou perigo de dano ao meio ambiente, coloque também em risco ou ceife a vida humana.

Ademais, as obrigações positivas do Estado no sentido de adotar ações concretas necessárias para garantir a vida com dignidade dirigem-se também àqueles casos de atividades ambientalmente perigosas, tais como acidentes nucleares[317] ou a existência de lixões. A extensão das obrigações estatais depende de fatores tais como a nocividade das atividades perigosas e a previsibilidade dos riscos para a vida humana.[318]

Por exemplo, a Corte Europeia de Direitos Humanos condenou a Turquia pela morte de trinta e nove pessoas em uma explosão ocorrida numa lixeira de Istambul. Segundo o Tribunal, o Estado turco tinha ciência do risco real e imediato para a vida das pessoas que viviam perto da lixeira, de modo que as autoridades locais tinham a obrigação de tomar medidas preventivas para proteger a vida e integridade física dessas pessoas,[319] paradigma esse que pode ser utilizado no âmbito sistema interamericano.

No Brasil, a Pesquisa Nacional de Saneamento Básico, realizada pelo Instituto Brasileiro de Geografia e Estatística (IBGE), em 2008, constatou que aproximadamente metade dos municípios brasileiros (50,8%) destina os resíduos sólidos urbanos para lixões.[320] Os lixões são locais onde os resíduos sólidos são depositados sem qualquer controle e medidas de proteção ao meio ambiente e à saúde pública, ocasionando, por exemplo, a emissão de odores, a presença de vetores causadores de doenças infectocontagiosas, a poluição visual e, notadamente, a presença de catadores de materiais recicláveis, além do risco de explosão

---

[316] CONSELHO DA EUROPA. *Manual on Human Rights and the Environment*, p. 35.

[317] Por exemplo: o acidente radiológico com Césio-137, em Goiânia, no ano de 1987.

[318] CONSELHO DA EUROPA. *Manual on Human Rights and the Environment*, p. 36.

[319] CONSELHO DA EUROPA. Corte Europeia de Direitos Humanos. Caso *Oneryıldız vs. Turkey*. Sentença de 30 de novembro de 2004.

[320] Instituto Brasileiro de Geografia e Estatística (IBGE). *Pesquisa Nacional de Saneamento Básico*. 2008, p. 60.

decorrente do gás metano ali presente e de acidentes aéreos ante a presença de aves necrófagas.

A disposição de resíduos sólidos sob a forma de lixão sem qualquer controle e medidas de proteção ao meio ambiente e à saúde pública caracteriza-se como uma prática estatal que coloca em risco a vida e o bem-estar de catadores de materiais recicláveis e de moradores do entorno do lixão, de modo que a omissão do Estado brasileiro em dispor corretamente os resíduos sólidos em aterros sanitários poderá ser objeto, em tese, de apreciação pela Corte Interamericana de Direitos Humanos.

E mais, o direito à vida impõe também ao Estado a obrigação de evitar a perda de vidas humanas em casos de desastres naturais, razão pela qual o ente estatal tem o dever de manter mecanismos de alerta e de defesa apropriados a evitá-los,[321] como nos casos de residências localizadas em áreas de encostas cujo risco de desabamento é evidente, já que se trata de áreas "vulneráveis a possíveis deslizamentos, em decorrência de ações antrópicas ou de fenômenos naturais, podendo causar, inclusive, danos materiais e pessoais sem precedentes".[322]

Assim, o Estado não pode permitir a construção de casas em área de risco (encosta) e a omissão do poder de polícia fiscalizatória do controle e ocupação do solo urbano, ou a inexistência de obras de contenção da encosta e de infraestrutura básica de drenagem e pavimentação na área de risco podem gerar a responsabilidade internacional do Brasil perante a Corte Interamericana de Direitos Humanos por ameaça ou dano efetivo ao direito à vida dos moradores de áreas de risco.

Do mesmo modo como ocorre com o direito à vida, a degradação ambiental também pode acarretar danos aos direitos à vida privada e familiar e ao domicílio do ser humano, consagrados no art. 11, §2º, da Convenção Americana sobre Direitos Humanos, a qual reza que "ninguém pode ser objeto de ingerências arbitrárias ou abusivas em sua vida privada, em sua família, em seu domicílio ou em sua correspondência, nem de ofensas ilegais à sua honra ou reputação".

As concepções de vida privada, de vida familiar e de domicílio são intimamente interligadas, no sentido de que domicílio é o lugar, a área física definida, onde a vida privada e familiar se desenvolve.[323] Nesse

---

[321] CONSELHO DA EUROPA. Corte Europeia de Direitos Humanos. *Budazeva and Others vs. Russia*. Sentença de 22 de março de 2008.

[322] ARAÚJO. *O ambiente urbano*: visões geográficas de Aracaju, p. 32.

[323] CONSELHO DA EUROPA. *Manual on Human Rights and the Environment*, p. 42.

diapasão, a vida privada, familiar e o domicílio das pessoas podem ser violados por danos produzidos no meio ambiente.[324]

Pilar Domínguez Martínez ensina que a poluição sonora pode alterar o meio ambiente adequado ao livre e o desenvolvimento da personalidade, acarretando, com isso, efeitos nocivos à saúde e à vida privada e à inviolabilidade do domicílio, uma vez que a emissão de ruídos além dos limites toleráveis representa um fato psicopatogênico e fonte permanente de perturbação da qualidade de vida do ser humano.[325]

Com efeito, danos ambientais podem afetar o bem-estar das pessoas e ainda impedi-las de desfrutar de suas moradias de tal forma que os seus direitos previstos no art. 11, §2º, da Convenção Americana, são violados. O direito à vida privada e o direito à inviolabilidade do domicílio não incluem somente o direito de respeito à área física real da moradia, mas também o usufruto tranquilo desta área dentro de limites razoáveis, de forma que as violações dos referidos direitos podem resultar de ruídos, emissões de odores ou outras formas similares de interferência.[326]

Nesse contexto, a Corte Europeia de Direitos Humanos, por exemplo, entendeu que o constante e intenso ruído provocado pelo tráfego aéreo sobre a casa do denunciante localizado nas proximidades do aeroporto de Heathrow constituía violação ao disposto no art. 8.1 da Convenção Europeia de Direitos Humanos, cuja redação é bastante semelhante ao art. 11, §2º, da Convenção Americana, porque diminuía a qualidade da vida privada e familiar.[327]

Diante desse caso paradigmático, pode-se concluir que é possível, em tese, a responsabilização internacional da República Federal do Brasil perante a Corte Interamericana de Direitos Humanos por danos à vida privada e familiar decorrentes de degradação ambiental.

O direito ao meio ambiente sadio também tem estreita vinculação com o direito à propriedade privada positivado no art. 21 do Pacto de San José da Costa Rica, de modo que a Corte Interamericana de Direitos Humanos poderá tutelar o direito ao meio ambiente sadio, indiretamente, sempre que danos ambientais resultarem na aniquilação ou em desvalorização da propriedade de terceiros. Ora, determinadas atividades

---

[324] ABRAMOVICH; COURTIS. *Los derechos sociales como derechos exigibles*, p. 207.

[325] MARTÍNEZ. *Revista de Direitos e Garantias Fundamentais*, p. 354-355.

[326] CONSELHO DA EUROPA. *Manual on Human Rights and the Environment*, p. 42.

[327] CONSELHO DA EUROPA. Corte Europeia de Direitos Humanos. *Caso Rayner vs. Reino Unido*. 1990.

poluidoras podem inviabilizar o uso, o gozo e disponibilidade de uma propriedade, o que importa em grave violação do tal direito.[328]

Assim, cumpre ao Estado, por exemplo, impedir a instalação de bares, casas de espetáculos ou indústrias em zonas residenciais, sem a adoção de medidas de controle da poluição de qualquer espécie e de proteção ao bem-estar e ao sossego da vizinhança, eis que a instalação de empreendimentos comerciais e industriais que produzam, por exemplo, ruídos acima dos limites toleráveis ao ser humano ou que emitam efluentes atmosféricos sem qualquer controle prévio afeta a saúde, o sossego e o bem-estar das pessoas, o que implicará, por certo, a desvalorização dos imóveis localizados no entorno dos referidos empreendimentos.

Registre-se ainda que, à luz da jurisprudência da Corte Interamericana, o art. 21 da Convenção Americana não protege somente a concepção da sociedade hegemônica sobre a propriedade individual privada, mas salvaguarda também a propriedade coletiva das comunidades tradicionais,[329] caracterizada "pela necessidade de grupos étnicos utilizarem-se dos recursos naturais de suas terras tradicionais como forma de manutenção da cultura, religião e modo de vida de suas respectivas comunidades".[330]

Com efeito, o art. 21 do Pacto de San José da Costa Rica consagra o direito à propriedade privada. O referido texto normativo fora positivado com o objetivo inicial de proteger o uso e o gozo desembaraçado da propriedade eminente privada, isto é, em sua concepção ocidental, não se destinando, assim, à tutela da propriedade coletiva das comunidades tradicionais.

Contudo, os tratados internacionais de direitos humanos são verdadeiros "instrumentos vivos cuja interpretação tem que acompanhar a evolução dos tempos e as condições atuais de vida".[331] Deve-se promover, destarte, uma interpretação evolutiva dos atos normativos internacionais de modo a compatibilizá-los com os novos tempos,

---

[328] CONSELHO DA EUROPA. Corte Europeia de Direitos Humanos. *Caso Taşkın e Outros vs. Turquia*. Sentença de 29 de janeiro de 2004.

[329] ORGANIZAÇÃO DOS ESTADOS AMERICANOS. Corte Interamericana de Direitos Humanos. *Caso Comunidade Indígena Sawhoyamaxa vs. Paraguai*. Sentença de 29 de março de 2006. Série C, n. 146.

[330] TEIXEIRA. *O greening no sistema interamericano de direitos humanos*, p. 230.

[331] ORGANIZAÇÃO DOS ESTADOS AMERICANOS. Corte Interamericana de Direitos Humanos. *Caso Hermanos Gómez Paquiyauri vs. Peru*. Sentença de 8 de julho de 2004. Série C, n. 110, par. 165.

com as novas realidades, com os novos valores sociais, econômicos e culturais que regem a sociedade contemporânea.

As comunidades tradicionais são identificadas quando um grupo de pessoas preenche quatro características específicas, a saber: a) compartilham as referências constitutivas de uma identidade cultural em comum, desejando preservá-la e desenvolvê-la; b) conservam formas próprias de organização social; c) usam recursos naturais como condição para a sua reprodução cultural, social e econômica e d) conservam e transmitem conhecimentos, práticas e expressões culturais para as gerações futuras, segundo as tradições herdadas de seus antepassados.[332]

Os povos tradicionais são, nesse diapasão, grupos culturalmente diferenciados, que se reconhecem como tais, que possuem formas próprias de organização social e ocupam e usam territórios tradicionais e os recursos naturais, como condição para sua reprodução cultural, social, religiosa e econômica. Nestes termos, são consideradas comunidades tradicionais os povos indígenas, os quilombolas, os seringueiros, os castanheiros, as quebradeiras de coco babaçu e as mangabeiras, por exemplo.

Tais comunidades, dentre as quais as indígenas e os quilombolas, são portadoras de culturas únicas voltadas à utilização sustentável dos recursos da biodiversidade. A natureza é, para as comunidades locais, um sustentáculo de identidade cultural e de sobrevivência material, de modo que a proteção da integridade cultural das comunidades tradicionais enseja necessariamente a conservação da natureza.[333]

Esses povos têm estreita relação com suas terras e com os recursos naturais existentes em seus territórios ancestrais. Desse modo, tal conexão intrínseca entre os integrantes das comunidades tradicionais com seus territórios impõe a proteção da propriedade coletiva, do uso e do gozo dos recursos naturais que ali se encontram, eis que são medidas necessárias para garantir a sobrevivência dessas comunidades.[334]

De fato, os povos indígenas e locais se caracterizam, dentre outros fatores, pela existência de uma tradição sobre a forma comunal

---

[332] JÚNIOR. *Tutela jurídica dos recursos da biodiversidade, dos conhecimentos tradicionais e do folclore*: uma abordagem de desenvolvimento sustentável, p. 27.

[333] JÚNIOR. *Tutela jurídica dos recursos da biodiversidade, dos conhecimentos tradicionais e do folclore*: uma abordagem de desenvolvimento sustentável, p. 29.

[334] ORGANIZAÇÃO DOS ESTADOS AMERICANOS. Corte Interamericana de Direitos Humanos. *Caso Comunidade Indígena Yakye Axa vs. Paraguai*. Sentença de 17 de junho de 2005. Série C.

da propriedade de suas terras, no sentido de que o domínio sobre seus territórios não se centra em um indivíduo, mas no grupo e na sua comunidade. Nesse contexto, à luz da jurisprudência da Corte Interamericana de Direitos Humanos, a propriedade coletiva das terras indígenas e dos povos tradicionais, apesar de não corresponder à noção clássica de propriedade, merece a proteção jurídica do art. 21 da Convenção Americana sobre Direitos Humanos.[335]

Assim, devem-se reconhecer aos povos indígenas e locais os direitos de propriedade e de posse sobre as terras que tradicionalmente ocupam, assegurando-lhes, inclusive, a proteção dos saberes relacionados ao manejo das terras e à conservação e utilização sustentável da diversidade biológica.[336]

Nesse contexto, o direito humano ao meio ambiente sadio também poderá ser amparado reflexamente por meio da proteção da propriedade comunal das terras dos povos tradicionais.

No caso Povo Indígena Kichwa de Sarayaku *vs.* Equador, a Corte Interamericana assentou que a salvaguarda jurídica do direito de propriedade comunal dos povos tradicionais impõe também a proteção dos recursos naturais que se encontram em suas terras. A propósito:

> [...] la protección de los territorios de los pueblos indígenas y tribales también deriva de la necesidad de garantizar la seguridad y la permanencia del control y uso de los recursos naturales por su parte, lo que a su vez permite mantener su modo de vida. Esta conexión entre el territorio y los recursos naturales que han usado tradicionalmente los pueblos indígenas y tribales y que son necesarios para su supervivencia física y cultural, así como el desarrollo y continuidad de su cosmovisión, es preciso protegerla bajo el artículo 21 de la Convención para garantizar que puedan continuar viviendo su modo de vida tradicional y que su identidad cultural, estructura social, sistema económico, costumbres, creencias y tradiciones distintivas serán respetadas, garantizadas y protegidas por los Estados.[337]

No caso *Comunidad Mayagna (sumo) Awas Tingni vs.* Nicarágua, a Corte Interamericana de Direitos Humanos assentou que o Estado

---

[335] ORGANIZAÇÃO DOS ESTADOS AMERICANOS. Corte Interamericana de Direitos Humanos. *Caso Comunidade Indígena Sawhoyamaxa vs. Paraguai.* Sentença de 29 de março de 2006. Série C, n. 146, par. 120.

[336] NETO. *Hiléia – Revista de direito ambiental da Amazônia,* p. 190.

[337] ORGANIZAÇÃO DOS ESTADOS AMERICANOS. Corte Interamericana de Direitos Humanos. *Povo Indígena Kichwa de Sarayaku vs. Equador.* Sentença de 27 de junho de 2012. Série C, n. 245, par. 146.

violou o direito de uso e gozo da propriedade comunal dos membros da referida tribo, uma vez que não delimitou e demarcou as terras tradicionais da referida comunidade e fez concessões a terceiros para utilizar e explorar os recursos ambientais ali localizados. Portanto, determinou-se para a Nicarágua que delimitasse e demarcasse as terras tradicionais dos membros da comunidade *Mayagna Awas Tingni* e que se abstivesse de realizar atos que possam levar agentes do próprio Estado ou terceiros, que atuem com a sua aquiescência ou sua tolerância, a afetar a existência, o valor, o uso ou o gozo dos bens, inclusive dos recursos naturais, localizados na zona geográfica onde os membros da tribo *Mayagna Awas Tingni* habitam e realizam suas atividades.[338]

Na demanda das Comunidades Afrodescendentes Desalojadas da Bacia do Rio Cacarica (Operação Gênesis) *vs*. Colômbia, a Corte Interamericana considerou que as comunidades afrodescendentes que se assentaram na Bacia do Cacarica, em busca de terras, por volta da metade do século XIX, são povos locais porque têm íntima relação com os territórios tradicionalmente ocupados pelos seus ancestrais e com os elementos da biodiversidade ali existentes.[339]

O Tribunal Interamericano reconheceu, nesse caso, o direito à propriedade coletiva dos territórios ocupados pelas populações negras da bacia do rio Cacarica, eis que os referidos povos mantinham uma estreita relação com a terra, como parte de sua tradição ancestral, motivo pelo qual suas terras tradicionais e os recursos naturais deveriam ser salvaguardados em sua dimensão coletiva.[340]

E, nesse contexto, decidiu que o Estado colombiano violou o direito à propriedade coletiva dos membros das comunidades negras da Bacia do Cacarica porque não impediu eficazmente a exploração florestal ilegal, em suas terras, por empresas privadas.[341]

---

[338] ORGANIZAÇÃO DOS ESTADOS AMERICANOS. Corte Interamericana de Direitos Humanos. *Caso Comunidad Mayagna (sumo) Awas Tingni vs. Nicarágua*. Sentença de 31 de agosto de 2001. Série C, n. 79.

[339] ORGANIZAÇÃO DOS ESTADOS AMERICANOS. Corte Interamericana de Direitos Humanos. *Caso de las Comunidades Afrodescendientes Desplazadas de la Cuenca del Río Cacarica (Operación Génesis) vs. Colombia*. Sentença de 20 de novembro de 2013. Série C, n. 270, par. 346.

[340] ORGANIZAÇÃO DOS ESTADOS AMERICANOS. Corte Interamericana de Direitos Humanos. *Caso de las Comunidades Afrodescendientes Desplazadas de la Cuenca del Río Cacarica (Operación Génesis) vs. Colombia*. Sentença de 20 de novembro de 2013. Série C, n. 270, par. 346.

[341] ORGANIZAÇÃO DOS ESTADOS AMERICANOS. Corte Interamericana de Direitos Humanos. *Caso de las Comunidades Afrodescendientes Desplazadas de la Cuenca del Río Cacarica (Operación Génesis) vs. Colombia*. Sentença de 20 de novembro de 2013. Série C, n. 270, pars. 356-358.

Para a Corte Interamericana de Direitos Humanos traduz-se em clara violação ao direito de propriedade coletiva dos povos tradicionais o uso irracional e mecanizado dos recursos naturais existentes em seus territórios, uma vez que gera profundo dano às suas terras, aos recursos naturais e às condições de vida das minorias étnicas.[342]

No caso do Saramaka *vs.* Suriname, a Corte estabeleceu que o art. 21 da Convenção Americana não proíbe a concessão de licenças administrativas para a exploração e extração de recursos naturais localizados em terras indígenas ou tribais, de modo que é juridicamente possível a restrição do direito de propriedade comunal dos povos tradicionais.

Contudo, tal restrição somente será legítima se não impedir a subsistência das comunidades tradicionais afetadas; se os membros de tais comunidades forem previamente consultados sobre os planos que se pretendem executar em seus territórios; se realizado estudo prévio de impacto socioambiental; e se assegurado, na forma no art. 15.1 da Convenção nº 169 da Organização Internacional do Trabalho (OIT) sobre Povos Indígenas e Tribais, a participação dos índios nas vantagens econômicas decorrentes da exploração dos recursos naturais.[343]

Em 24 de agosto de 2010, a Corte Interamericana de Direitos Humanos declarou que o Estado do Paraguai violou, entre outros, o direito à propriedade comunal e o direito à vida digna dos membros da Comunidade Indígena Xákmok Kásek. No caso, o Tribunal estabeleceu que, no final do século XIX, o Estado paraguaio vendeu dois terços da região do Chaco a particulares, com o objetivo de financiar as dívidas contraídas com a chamada guerra da Tríplice Aliança e, a partir de então, essas áreas foram transferidas para proprietários privados e, posteriormente, transformados em estâncias.

Com isso, os membros da Comunidade Xákmok Kásek, que tradicionalmente ocupavam a região em que foi fundada a Estância Salazar, foram praticamente obrigados a habitar no local e a viver com restrições, já que com o passar do tempo os membros da comunidade tiveram seus estilos de vida, suas atividades de subsistência tradicionais e sua mobilidade dentro de suas terras tradicionais demasiadamente restringidos. A caça foi totalmente proibida, o proprietário particular

---

[342] ORGANIZAÇÃO DOS ESTADOS AMERICANOS. Corte Interamericana de Direitos Humanos. *Caso de las Comunidades Afrodescendientes Desplazadas de la Cuenca del Río Cacarica (Operación Génesis) vs. Colombia.* Sentença de 20 de novembro de 2013. Série C, n. 270, par. 356-358.

[343] ORGANIZAÇÃO DOS ESTADOS AMERICANOS. Corte Interamericana de Direitos Humanos. *Caso do Povo Saramaka vs. Suriname.* Sentença 28 de novembro de 2007. Série C, n. 172, par. 143.

contratou seguranças privados para controlar as suas entradas e as saídas e eles não mais podiam pescar ou coletar de alimentos.

Nessa ação internacional, a Corte Interamericana condenou a República do Paraguai a devolver aos membros da Comunidade Xákmok Kásek dez mil e setecentos hectares de terras, identificadas como Mompey Sensap e Makha Mompena, uma vez que o vínculo existente entre os integrantes da tribo com os mencionados territórios é fundamental e imprescindível para a sobrevivência alimentar e cultural da comunidade.[344]

Condenou ainda o Paraguai a assegurar, até a entrega definitiva das terras indígenas aos membros da Comunidade, que os citados territórios não sejam comprometidos por atividades do próprio Estado ou de terceiros, devendo impedir, assim, o desmatamento das florestas ali existentes, a destruição dos sítios culturalmente importantes para o grupo e a exploração econômica dos territórios.[345]

No caso Comunidade Indígena Yakye Axa *vs*. Paraguai, o Tribunal declarou que o Estado paraguaio violou o direito de propriedade coletiva dos integrantes da mencionada Comunidade e o direito à vida digna de seus membros porque os privou do acesso aos meios tradicionais de subsistência e do uso e do gozo dos recursos naturais necessários para a obtenção de água potável e para a prática da medicina de prevenção e cura de enfermidades,[346] ou seja, a Corte Interamericana se valeu, além do direito de propriedade comunal, do direito à saúde e do direito ao meio ambiente sadio para concluir que o Estado paraguaio violou o direito à vida desta comunidade.[347]

Na ocasião, o Paraguai fora condenado a identificar e a entregar gratuitamente os territórios dos membros da supramencionada tribo. Enquanto os Yakye Axa se encontrem sem terras, o Estado deverá assegurar-lhes o fornecimento de bens e serviços necessários à sua subsistência, tais como água potável suficiente para consumo e higiene pessoal; cuidados médicos adequados para manter a saúde de todos,

---

[344] ORGANIZAÇÃO DOS ESTADOS AMERICANOS. Corte Interamericana de Direitos Humanos. *Caso Comunidade Indígena Xákmok Kásek vs. Paraguai.* Sentença de 24 de agosto de 2010. Série C, n. 214, par. 281-283.

[345] ORGANIZAÇÃO DOS ESTADOS AMERICANOS. Corte Interamericana de Direitos Humanos. *Caso Comunidade Indígena Xákmok Kásek vs. Paraguai.* Sentença de 24 de agosto de 2010. Série C, n. 214, par. 291.

[346] ORGANIZAÇÃO DOS ESTADOS AMERICANOS. Corte Interamericana de Direitos Humanos. *Caso Comunidade Yakye Axa vs. Paraguai.* Sentença de 17 de junho de 2005. Série C, n. 125, par. 168.

[347] ARANHA. Revista Eletrônica Direito e Política, p. 2293.

incluindo medicamentos especialmente para crianças, idosos e mulheres grávidas; alimentos em quantidade, variedade e qualidade suficiente para que membros da Comunidade tenham condições mínimas de vida digna; serviços de saneamento básico; e escola no assentamento atual da Comunidade, equipada com materiais educação bilíngue suficiente para seus alunos.[348]

Como se vê nesses exemplos, eventuais danos ambientais ocorridos em territórios indígenas implicam necessária e concomitantemente danos à propriedade coletiva desses povos, razão pela qual o direito ao meio ambiente sadio poderá ser indiretamente tutelado no âmbito da jurisdição da Corte Interamericana de Direitos Humanos.

Com efeito, o comportamento comissivo ou omissivo do Estado brasileiro poderá ser objeto de apreciação pela Corte Interamericana de Direitos Humanos, se os casos de degradação ambiental acarretarem a violação do direito de propriedade de particulares inseridos na sociedade hegemônica ou dos povos tradicionais.

Enfim, conclui-se ser possível, em tese, a responsabilização internacional da República Federativa do Brasil, parente a jurisdição da Corte Interamericana de Direitos Humanos, por impactos ambientais negativos sempre que esses ocasionarem concomitantemente danos a direitos civis e políticos catalogados na Convenção Americana.

E, por via de consequência, a Corte Interamericana poderá determinar ao Brasil a realização de prestações de natureza fática ou jurídica necessárias para a efetiva proteção da natureza e o eficiente exercício dos direitos civis intimamente interligados ao direito humano ao meio ambiente sadio.

4.5 Eficácia interna das sentenças proferidas pela Corte Interamericana de Direitos Humanos no Brasil

Os Estados partes da Convenção Americana são obrigados a cumprir as sentenças da Corte Interamericana de Direitos Humanos, e a parte da sentença que determinar indenização compensatória poderá ser executada no país respectivo pelo processo interno vigente para a execução de sentenças contra o Estado, conforme art. 68 do Pacto de San José da Costa Rica.

---

[348] ORGANIZAÇÃO DOS ESTADOS AMERICANOS. Corte Interamericana de Direitos Humanos. *Caso Comunidade Yakye acha vs. Paraguai.* Sentença de 17 de junho de 2005. Série C, n. 125, par. 221.

Com efeito, as sentenças proferidas pela Corte têm, por força do art. 68.1 da Convenção Americana sobre Direitos Humanos, efeito imediato e força vinculante entre as partes da ação de responsabilidade internacional por violação de direitos humanos, devendo ser cumprida *sponte propria* pelo Estado réu.

Contudo, o grau de efetividade e cumprimento das decisões do Tribunal Interamericano é baixo, o que poderá causar a perda de legitimidade e credibilidade do sistema interamericano diante das vítimas de violações de direitos humanos e das organizações da sociedade civil que as representam.[349] Atualmente, é a própria Corte Interamericana de Direitos Humanos quem exerce, com fulcro no art. 69 de seu Regulamento, um mecanismo de fiscalização de cumprimento de suas próprias sentenças.

Nos termos do art. 69 do Regulamento da Corte a supervisão de suas sentenças e demais decisões realizar-se-á mediante a apresentação de relatórios estatais e das correspondentes observações a esses relatórios por parte das vítimas ou de seus representantes. O aludido Tribunal poderá convocar, caso considere pertinente, o Estado e os representantes das vítimas a uma audiência para supervisionar o cumprimento de suas decisões e nesta escutará o parecer da Comissão Interamericana de Direitos Humanos.

Se ainda assim os Estados se mantiverem inadimplentes, o art. 65 da Convenção Americana sobre Direitos Humanos autoriza que a Corte Interamericana submeta à consideração da Assembleia-Geral da Organização dos Estados Americanos (OEA), em seu relatório anual, aqueles casos em que os Estados condenados não cumpriram espontaneamente as decisões da Corte, para censura moral e política.

Na verdade, a eficácia das sentenças prolatadas pela Corte Interamericana de Direitos Humanos depende primordialmente da observância e cumprimento das decisões internacionais no âmbito interno dos Estados.[350] Damián A. González-Salzberg aduz que o maior déficit que atualmente apresenta o sistema interamericano é o descumprimento, por parte dos tribunais nacionais, da obrigação de julgar os responsáveis por violações de direitos humanos e que o único meio indispensável para garantir o cumprimento das sentenças ditadas pela Corte reside

---

[349] BERNARDES. *SUR – Revista Internacional de Direitos Humanos*, p. 141.
[350] PIOVESAN. *Direitos humanos e justiça internacional*, p. 158.

na necessidade de o Poder Judiciário dos Estados reconhecer o caráter obrigatório das decisões da Corte.[351]

A visão exposta por Damián A. González-Salzberg é perfeitamente válida para aqueles casos em que a Corte Interamericana de Direitos Humanos impõe ao Estado condenado deveres cujo adimplemento depende do exercício da atividade jurisdicional do Estado, como por exemplo, o dever de punir criminalmente agentes responsáveis por delitos contra a humanidade ou a anulação de decisão judicial exarada por órgão jurisdicional doméstico.

Porém, a efetividade das sentenças da Corte Interamericana depende do reconhecimento dos seus caracteres obrigatório e vinculante não somente pelo Poder Judiciário dos Estados, mas também pelos órgãos, entidades e agentes públicos que integram a estrutura dos Poderes Legislativo e Executivo dos Estados, pois o cumprimento de algumas das obrigações impostas nas decisões da Corte exige a execução de atividade legislativa (alteração ou revogação de leis) ou administrativa (a implementação de políticas públicas ou a reabertura de escolas, por exemplo) do Estado.

O Brasil é Estado parte da Convenção Americana sobre Direitos Humanos e, de acordo com o artigo 62 do citado tratado, reconheceu a competência contenciosa da Corte Interamericana de Direitos Humanos em 1998. Ademais, as sentenças prolatadas pela aludida Corte devem ser, por força do art. 68 da Convenção Americana, espontânea, imediata e integralmente cumpridas pela República Federativa do Brasil.

Para cumprir as sentenças proferidas pela Corte Interamericana de Direitos Humanos, o Brasil deve assegurar a implementação, no âmbito doméstico, das determinações exaradas pelo referido Tribunal porque as obrigações convencionais assumidas pelo país vinculam todos os agentes, órgãos e entidades do Estado.

E mais, a obrigação de cumprir as sentenças proferidas pelo mencionado Tribunal Interamericano corresponde a um princípio básico de direito internacional público, qual seja, o princípio do *pacta sunt servanda*, segundo o qual os Estados devem acatar suas obrigações convencionais internacionais de boa fé e, como dispõe o artigo 27 da Convenção de Viena sobre o Direito dos Tratados de 1969, os Estados

---

[351] GONZÁLEZ-SALZBERG. *SUR* – Revista *Internacional de Direitos Humanos*, p. 115.

não podem, por motivos de ordem interna, deixar de cumprir o tratado e as sentenças internacionais. Aliás, Valério de Oliveira Mazzuoli leciona que:

> Os Estados contraem, no livre e pleno exercício de sua soberania, várias obrigações internacionais, e uma vez que o tenham feito não podem (à luz da Convenção de Viena de 1969) invocar disposições do seu Direito interno, até mesmo do seu Direito Constitucional, como justificativa para o não cumprimento dessas obrigações.[352]

O Brasil, enquanto Estado parte do Pacto de San José da Costa Rica, deve garantir, portanto, o cumprimento das sentenças da Corte Interamericana de Direitos Humanos e das disposições convencionais e seus efeitos próprios no plano jurídico doméstico, não podendo justificar eventual descumprimento de uma sentença internacional aduzindo a existência de norma jurídica, ainda que de natureza constitucional, que impeça o adimplemento da sentença ou de decisão judicial, mesmo do Supremo Tribunal Federal, em sentido inverso ao decidido pela Corte Interamericana, sob pena de responsabilização internacional.

Outro ponto importante é o que diz respeito à necessidade ou não de homologação das sentenças da Corte Interamericana de Direitos Humanos pelo Superior Tribunal de Justiça para terem eficácia interna no Brasil.

O art. 105, inciso I, alínea *i*, da Constituição Federal dispõe que compete ao Superior Tribunal de Justiça processar e julgar, originariamente, a homologação das sentenças estrangeiras. O processo de homologação visa conferir eficácia a sentença estrangeira, mediante a aferição apenas, e tão somente, do atendimento pelo ato judicial estrangeiro dos requisitos previstos no art. 15 da Lei de Introdução às Normas do Direito Brasileiro e na Resolução nº 09/2005 do Superior Tribunal de Justiça.

Nos termos do artigo 15 da Lei de Introdução às Normas do Direito Brasileiro e dos artigos 5º e 6º da citada resolução do Superior Tribunal de Justiça, constituem requisitos indispensáveis à homologação de sentença estrangeira: a) haver sido proferida por autoridade competente; b) terem as partes sido citadas ou haver-se legalmente verificado a revelia; c) ter transitado em julgado; d) estar autenticada

---

[352] MAZZUOLI. *Direito dos tratados*, p. 195.

pelo cônsul brasileiro e acompanhada de tradução por tradutor oficial ou juramentado no Brasil e e) não ofender a soberania ou ordem pública.

Em suma, a homologação da sentença estrangeira é condição necessária para conferir eficácia interna às sentenças proferidas por Tribunais de outros países, mediante análise de sua compatibilidade com o ordenamento jurídico brasileiro.

Ocorre que a Corte Interamericana de Direitos Humanos é um órgão internacional cujas sentenças têm a natureza jurídica de decisões internacionais e não de sentenças estrangeiras porque não são provenientes de Tribunal sujeito à soberania de Estado estrangeiro. Nesse sentido é a lição de Valério de Oliveira Mazzuoli:

> Sentenças proferidas por "tribunais internacionais" não se enquadram na roupagem de *sentenças estrangeiras* a que se referem os dispositivos citados. Por sentença estrangeira deve-se entender aquela proferida por um tribunal afeto à soberania de determinado Estado, e não a emanada de um tribunal internacional que tem jurisdição *sobre* os seus próprios Estados-partes.[353]

Perceba-se que o art. 105, inciso I, alínea i, da Constituição Federal exige a homologação pelo Superior Tribunal de Justiça das chamadas sentenças estrangeiras, isto é, daquelas prolatadas portanto por órgãos jurisdicionais de outros países. Logo, não é necessária a homologação das sentenças da Corte Interamericana de Direitos Humanos pelo Superior Tribunal de Justiça para terem eficácia interna no Brasil porque as decisões da Corte não são estrangeiras, mas sim internacionais, já que prolatadas por organismo jurisdicional internacional.

As sentenças proferidas pela Corte Interamericana de Direitos Humanos produzem efeitos jurídicos imediatos no âmbito doméstico brasileiro, de modo que a República Federativa do Brasil deverá cumpri-las espontaneamente, sem a necessidade de homologação pelo Superior Tribunal de Justiça, sob pena de nova responsabilização internacional, isso porque se estaria infringindo agora o art. 68.1 da Convenção Americana.

Com efeito, as sentenças da Corte Interamericana de Direitos Humanos devem ser, por força do art. 68 da Convenção Americana, espontânea, imediata e integralmente cumpridas pela República Federativa do Brasil. Se assim não ocorrer, além de nova responsabilização

---

[353] MAZZUOLI. *Os sistemas regionais de proteção dos direitos humanos*: uma análise comparativa dos sistemas interamericano, europeu e africano, p. 39.

internacional, o inadimplemento poderá ensejar o ajuizamento de ação judicial executiva com o objetivo precípuo de garantir o cumprimento total da decisão do Tribunal Interamericano.

À luz do direito processual civil brasileiro, o título executivo é documento indispensável à propositura da ação e desenvolvimento válido do processo de execução, sujeitando-se ao princípio da taxatividade, no sentido de que somente a lei pode criar um título executivo ou inclui-lo no elenco de títulos existentes. Em suma, não há título se não houver lei prevendo-o (*nullus titulus sine legis*).[354]

Nesse contexto, Alexandre Freitas Câmara define título executivo como o ato (ou fato) jurídico a que a lei atribui eficácia executiva e denomina título executivo judicial aquele formado através de um processo.[355] E as sentenças da Corte Interamericana de Direitos Humanos são títulos executivos? Elas podem ser executadas perante o Poder Judiciário brasileiro?

O art. 68.2 da Convenção Americana sobre Direitos Humanos atribui eficácia executiva à parte pecuniária das sentenças da Corte Interamericana de Direitos Humanos. A propósito: "A parte da sentença que determinar indenização compensatória poderá ser executada no país respectivo pelo processo interno vigente para a execução de sentenças contra o Estado".

Considerando que o Pacto de San José da Costa Rica é ato normativo vigente no ordenamento jurídico brasileiro e atribui à parte pecuniária das sentenças da Corte Interamericana de Direitos Humanos eficácia de título executivo, deve-se admitir assim a sua cobrança judicial segundo o rito da execução contra a Fazenda Pública, perante a Justiça Federal, nos termos no art. 109, inciso III, da Constituição Federal.

Flávia Piovesan é clara ao assinalar que "se a Corte fixar uma compensação à vítima, a decisão valerá como título executivo, em conformidade com os procedimentos internos relativos à execução de sentença desfavorável ao Estado",[356] ou seja, se a sentença do aludido Tribunal impuser ao Estado brasileiro a obrigação de pagar indenização em favor das vítimas ou de seus herdeiros, o eventual inadimplemento do Brasil autorizará a propositura de execução judicial forçada da sentença internacional nos moldes do art. 730 e seguintes do Código de Processo Civil.

---

[354] JÚNIOR *et al. Curso de direito processual civil*. v. 5, p. 154.
[355] CÂMARA. *Lições de direito processual civil*. v. II, p. 173-176.
[356] PIOVESAN. *Direitos humanos e direito constitucional internacional*, p. 271-272.

No tocante ao inadimplemento voluntário de obrigações de fazer e não fazer eventualmente impostas em sentença pela Corte Interamericana, André de Carvalho Ramos aduz que o ordenamento jurídico doméstico brasileiro *aparentemente* não tem mecanismos apropriados para executar no âmbito da jurisdição interna uma obrigação extrapecuniária estipulada pelo mencionado Tribunal.[357]

Na verdade, a inexistência de mecanismos de cumprimento forçado das obrigações de fazer e de não fazer fixadas em sentenças da Corte Interamericana de Direitos Humanos na ordem jurídica doméstica brasileira realmente é apenas "aparente".

De fato, o art. 475-N do Código de Processo Civil enuncia o rol de decisões jurisdicionais as quais permitem a instauração da atividade executiva do Estado, isto é, o retro aludido dispositivo legal estabelece um rol de títulos executivos judiciais e dentre eles há "a sentença proferida no processo civil que reconheça a existência de obrigação de fazer, não fazer, entregar coisa ou pagar quantia" e "a sentença estrangeira, homologada pelo Superior Tribunal de Justiça". Veja-se:

> Art. 475-N. São títulos executivos judiciais:
>
> I – a sentença proferida no processo civil que reconheça a existência de obrigação de fazer, não fazer, entregar coisa ou pagar quantia; [...]
>
> VI – a sentença estrangeira, homologada pelo Superior Tribunal de Justiça.

À primeira vista, tem-se a impressão que o art. 475-N, inciso I, do Código de Processo Civil estaria se referindo a sentença proferida por autoridade judicial nacional em processo de natureza civil, já que o inciso VI do mencionado dispositivo legal reconhece a executividade da sentença estrangeira homologada pelo Superior Tribunal de Justiça. Entretanto, Fredie Didier Júnior ensina que "a hipótese contida no inciso I do art. 475-N do CPC constitui um tipo legal aberto, operando-se no modo tipológico-comparativo e funcionando com base na semelhança, de sorte que revelam amplos os casos enquadráveis na definição legal".[358]

Alexandre Freitas Câmara comunga também do entendimento de que "é título executivo judicial a parte condenatória de qualquer

---

[357] RAMOS. *Processo internacional de direitos humanos*, p. 357.
[358] JÚNIOR *et al*. *Curso de direito processual civil*. v. 5, p. 167.

sentença civil"[359] e as sentenças da Corte Interamericana de Direitos Humanos têm nítida natureza civil ainda que proferidas no âmbito da jurisdição internacional reconhecida pelo Brasil.

O juiz, no exercício da jurisdição, tem o dever de extrair das regras processuais a potencialidade necessária para dar efetividade a qualquer direito material (e não apenas aos direitos fundamentais materiais) e, ainda, a obrigação de suprir lacunas que impedem a tutela jurisdicional de ser prestada de modo efetivo a qualquer espécie de direito.[360]

Ademais, a Constituição Federal de 1988 alçou a dignidade da pessoa humana à condição de valor central da ordem jurídica brasileira e, dada a sua forte carga axiológica, deve nortear toda a atividade estatal, inclusive a atividade jurisdicional. Dessa maneira, o juiz deverá interpretar as normas jurídicas, e entre elas as processuais civis, com fulcro no princípio da dignidade da pessoa humana, de modo a dar a máxima proteção ao ser humano.

Luís Roberto Barroso ensina que o princípio da interpretação conforme a Constituição abriga, simultaneamente, uma técnica de interpretação e um mecanismo de controle de constitucionalidade. Como técnica de interpretação, o princípio impõe aos juízes e tribunais que interpretem a legislação ordinária de modo a realizar, da maneira mais adequada, os valores e fins constitucionais, ou seja, dentre as várias interpretações possíveis, deve-se escolher aquela que tenha maior afinidade com a Constituição.[361]

A Constituição Federal, em seu Título I, disciplina os chamados "princípios fundamentais", identificando expressamente os fundamentos, os objetivos e os princípios regentes das relações internacionais da República Federativa do Brasil, cuja consecução deve servir de vetor interpretativo de toda a atuação dos órgãos públicos, notadamente os órgãos do Poder Judiciário.[362]

Assim, o art. 475-N, inciso I, do Código de Processo Civil deve ser interpretado de modo a dar maior efetividade à proteção e promoção dos direitos humanos na ordem jurídica interna brasileira, prevalecendo dentre as exegeses possíveis a que ofereça a maior proteção ao indivíduo,

---

[359] CÂMARA. *Lições de direito processual civil*. v. II, p. 177.

[360] MARINONI. *Teoria geral do processo*, p. 137.

[361] BARROSO. *Curso de direito constitucional contemporâneo*: os conceitos fundamentais e a construção do novo modelo, p. 301.

[362] BARROSO. *Interpretação e aplicação da Constituição*: fundamentos de uma dogmática constitucional transformadora, p. 140.

o que permite afirmar que as sentenças proferidas pela Corte Interamericana de Direitos Humanos, em sua totalidade e aspectos, inserem-se no conceito legal brasileiro de títulos executivos judiciais.

Deve-se reconhecer que as sentenças proferidas pela Corte são títulos executivos judiciais porque são exaradas por órgão judicial cuja jurisdição a República Federativa do Brasil reconhece e se submete, bem como porque se destinam a reparar as consequências de medida ou situação que configure a violação de direitos humanos e ao pagamento de indenização justa à parte lesada, nos termos do art. 63 da Convenção Americana.

Entender que a parte extrapecuniária das sentenças da Corte Interamericana não são títulos executivos judiciais é interpretar o art. 475-N, inciso I, do Código de Processo Civil em desconformidade com os princípios constitucionais da dignidade da pessoa humana e da prevalência dos direitos humanos.

No caso, o Brasil aderiu de livre e espontânea vontade à competência contenciosa da Corte Interamericana em 1998, através do Decreto Legislativo n⁰ 89, cujas sentenças visam, em última *ratio*, proteger e promover os direitos humanos, de modo que as sentenças proferidas pelo referido Tribunal, que imponham obrigações de qualquer natureza à República Federativa do Brasil, devem ser consideradas títulos executivos judiciais nos termos do art. 475-N, inciso I, do Código de Processo Civil.

Sendo assim, caso o Brasil não cumpra integral e voluntariamente a sentença da Corte, é possível a propositura de ação de execução, com o fim de garantir o adimplemento forçado da sentença, uma vez que, repita-se, ela é título executivo judicial. Nesses casos, a execução das sentenças da Corte, para efetivar prestações de fazer ou de não fazer, dar-se-á segundo o rito estabelecido no art. 461 do Código de Processo Civil; para garantir a entrega de coisa, seguirá o disposto no art. 461-A; e em se tratando de prestação pecuniária, a execução observará o rito da execução contra a Fazenda Pública.

A possibilidade de execução, no âmbito do direito processual brasileiro, das sentenças da Corte Interamericana de Direitos Humanos fortalece ainda mais o sistema protetivo da Convenção Americana e do Protocolo de San Salvador, servindo, por via de consequência, de verdadeiro instrumento de proteção do direito humano ao meio ambiente sadio e demonstra o compromisso internacional do Brasil com a proteção e promoção dos direitos humanos nas Américas.

CONCLUSÃO

O processo de desenvolvimento econômico-industrial, o avanço tecnológico e o consumismo desenvolvido ao longo do século XX, sobretudo após a Segunda Guerra Mundial, intensificaram extraordinariamente os impactos negativos da interferência do ser humano na natureza, demonstrando a necessidade de conciliar o desenvolvimento econômico e social com a preservação e a proteção do meio ambiente, o que somente será possível com a construção de um Estado Socioambiental de Direito, que agregue a efetiva promoção e proteção do meio ambiente à face social do Estado.

A crise ambiental e a sociedade de risco fizeram surgir a necessidade de uma proteção jurídica efetiva do meio ambiente. Nesse contexto, diversos documentos internacionais, dentre os quais o Protocolo de San Salvador, e a Constituição Federal de 1988 abraçaram a preservação da natureza como fim e medida das decisões dos Estados, alçando o direito a meio ambiente sadio à condição de direito humano e fundamental de terceira dimensão.

O direito ao meio ambiente sadio está diretamente fulcrado no princípio da dignidade da pessoa humana porque essencial à sadia qualidade de vida e à própria existência humana. Não há que se falar em dignidade humana se não houver um ambiente favorável ao bem-estar, à saúde e à vida humana, isto é, que proporcione ao homem uma sadia qualidade de vida. Enfim, só há respeito à dignidade humana se houver qualidade de vida, o que pressupõe, necessariamente, um meio ambiente ecologicamente equilibrado e sadio.

Assim, o direito ao meio ambiente sadio, enquanto direito essencial à qualidade de vida, compõe necessariamente o núcleo da dignidade da pessoa humana, integrando, destarte, o conteúdo do mínimo existencial, uma vez que somente será possível assegurar a dignidade humana se estiver garantido o direito a uma vida saudável.

Nesta perspectiva, a Constituição Federal consagrou o direito fundamental ao meio ambiente ecologicamente equilibrado, impondo ao Estado o dever fundamental de garantir e proteger o meio ambiente, obrigando o Poder Público a adotar medidas efetivas e adequadas de proteção ao meio ambiente.

Ocorre que a concretização do direito ao meio ambiente sadio envolve o gasto de dinheiro público e os recursos são limitados, daí porque ser sustentado que o efetivo exercício dos direitos fundamentais depende de disponibilidade financeira do Estado, a chamada reserva do possível.

O direito ao meio ambiente sadio é um direito de realização. Entretanto, a progressividade não significa permissão para a postergação da realização prática ou a inexigibilidade do direito, mas sim que o Estado deve fazer o máximo possível para realizá-lo, mediante planejamento a curto, médio e longo prazo.

Inclusive, se os meios financeiros são limitados, os recursos disponíveis deverão ser aplicados prioritariamente na satisfação do bem-estar do homem, o que envolve necessariamente a realização dos direitos civis, políticos, econômicos, sociais, culturais e ambientais. Os recursos remanescentes aí sim poderão ser destinados de acordo com as escolhas políticas de conveniência e oportunidade dos administradores públicos.

Eventual omissão do Estado aos deveres constitucionais de proteger, promover e preservar o meio ambiente ecologicamente equilibrado para as presentes e futuras gerações submete-se ao controle judicial, sem que isto caracterize violação à separação e à independência do Poderes, pois o Poder Judiciário não criará políticas públicas ambientais, nem usurpará a iniciativa do Poder Executivo, apenas determinará o cumprimento de objetivos definidos e especificados de maneira clara e concreta na Constituição Federal.

A violação do direito ao meio ambiente sadio exige a atuação eficiente do Poder Judiciário brasileiro, no sentido de assegurar em nível nacional a promoção e proteção da natureza, impedindo ou reparando danos ecológicos, sob pena de responsabilização internacional.

De fato, o direito humano ao meio ambiente sadio foi positivado expressamente no art. 11 do Protocolo de San Salvador, de modo que o Brasil é obrigado a promover as medidas administrativas, legislativas e jurisdicionais necessárias à concretização do referido direito humano. Isso porque a violação do direito humano ao meio ambiente ecologicamente equilibrado ocorrerá sempre que as instituições brasileiras, inclusive o Poder Judiciário, se mostrarem omissas ou ineficientes na tarefa de promover e proteger a natureza.

CONCLUSÃO | **171**

A ausência ou insuficiência de respostas às violações do direito ao meio ambiente sadio, no âmbito nacional, caracterizará ilícito internacional, ensejando, assim, a atuação subsidiária da jurisdição internacional.

Embora os casos de violações do direito humano ao meio ambiente sadio não se submetam ao sistema de petições individuais regulado pelos artigos 44 a 51 e 61 a 69 da Convenção Americana e, por consequência, não se sujeitem à jurisdição contenciosa da Corte Interamericana de Direitos Humanos, verdade é que a vinculação entre a natureza e os direitos humanos permite a proteção judicial do meio ambiente por via interpretativa ou reflexa.

Isto é, mesmo diante da impossibilidade da natureza ser tutelada diretamente no sistema interamericano de proteção dos direitos humanos, é possível a sindicabilidade judicial internacional do direito ao meio ambiente sadio sempre que os casos de degradação ambiental importarem violação de direitos civis e políticos.

Com efeito, apesar de autônomos, os direitos humanos são indivisíveis e interdependentes, ou seja, interagem e se inter-relacionam, devendo ser aplicados e interpretados conjuntamente. Nesse diapasão, as violações do direito ao meio ambiente sadio acarretam, em muitos casos, danos a direitos civis.

Assim, a existência de obstáculos jurídicos à tutela judicial direta dos direitos econômicos, sociais e culturais não impede a proteção indireta de tais direitos, isto é, mediante as possibilidades de justiciabilidade e de mecanismos de tutela dos direitos civis e políticos.

Nesse toar, a Comissão Interamericana de Direitos Humanos e a Corte Interamericana de Direitos Humanos podem abordar, com fulcro na indivisibilidade e interdependência dos direitos humanos, a questão da proteção ambiental, de forma reflexa ou indireta, em casos relativos a violações de direitos civis e políticos ou de outros direitos sociais afirmados na Convenção Americana e no Protocolo de San Salvador.

Realmente, alguns casos de violação do direito humano ao meio ambiente sadio podem ser traduzidos em violações de direitos civis, de cuja sindicabilidade judicial perante a Corte Interamericana não se tem dúvidas. De fato, a conexão teórica e prática entre o direito humano ao meio ambiente sadio com outros direitos humanos se mostra incontestável.

A proteção e a promoção do direito humano ao meio ambiente sadio no âmbito do sistema interamericano de direitos humanos podem decorrer, assim, da tutela dos direitos humanos à vida, à privacidade, à vida familiar, à propriedade e até mesmo à educação.

Isto é, podem-se utilizar casos de violações dos direitos à vida, à privacidade, à vida familiar ou à propriedade para proteger interesses vinculados ao direito humano ao meio ambiente ecologicamente equilibrado no âmbito da jurisdição da Corte Interamericana de Direitos Humanos e, por consequência, exigir do Estado a realização de prestações negativas e/ou positivas de promoção e proteção da natureza, quando necessárias, para a integral reparação às vítimas de violações dos retromencionados direitos civis.

Desse modo, a Corte Interamericana pode, com a finalidade de reparar danos causados diretamente a direitos civis e políticos, condenar a República Federativa do Brasil a obrigações de pagar, não fazer e fazer, inclusive a empreender ações concretas de proteção e promoção da natureza, sempre que um dano ambiental impedir o livre exercício de um direito civil ou político.

Por fim, as sentenças prolatadas pela Corte Interamericana de Direitos Humanos devem ser, por força do art. 68 do Pacto de San José da Costa Rica, espontâneas, imediatas e integralmente cumpridas pela República Federativa do Brasil. E, para cumprir as sentenças proferidas pela Corte, o Brasil deve assegurar a implementação, no âmbito doméstico, das determinações exaradas pelo Tribunal porque as obrigações convencionais assumidas pelo país vinculam todos os agentes, os órgãos e as entidades do Estado.

Se assim não ocorrer, além de nova responsabilização internacional, o inadimplemento poderá ensejar o ajuizamento de ação judicial executiva, com o objetivo precípuo de garantir o cumprimento total da decisão da Corte.

No que pese o art. 68.2 do Pacto de San José da Costa Rica se referir apenas à penalidade de cunho patrimonial, a parte extrapecuniária das sentenças da Corte Interamericana de Direitos Humanos pode ser executada no âmbito do Poder Judiciário brasileiro, uma vez que as sentenças do aludido Tribunal se subsumem ao tipo do art. 475-N, inciso I, do Código de Processo Civil brasileiro.

REFERÊNCIAS

ABRAMOVICH, Víctor. A estrutura dos direitos econômicos, sociais e culturais e as possíveis estratégias judiciais. *SUR – Revista Internacional de Direitos Humanos*, São Paulo, ano 2, n. 2, p. 189-223, jul. 2005.

ABRAMOVICH, Víctor; COURTIS, Christian. *Los derechos sociales como derechos exigibles*. 2. ed. Madrid: Trotta, 2004.

ADAMY, Pedro Augustin. *Renúncia a direito fundamental*. São Paulo: Malheiros, 2011.

ALEXY, Robert. *Teoria dos direitos fundamentais*. Tradução de Virgílio Afonso da Silva. São Paulo: Malheiros, 2008.

AMARAL JÚNIOR, Alberto do. Comércio internacional e proteção do meio ambiente. São Paulo: Atlas, 2011.

ANTUNES, Paulo de Bessa. *Direito Ambiental*. 15. ed. São Paulo: Atlas, 2013.

ARAGÃO, Alexandra. Direito constitucional do ambiente da União Européia. In: CANOTILHO, José Joaquim Gomes; LEITE, José Rubens Morato (Org.). *Direito constitucional ambiental brasileiro*. 5. ed. São Paulo: Saraiva, 2012.

ARANHA, Marina Domingues de Castro Camargo. Tutela do direito ao meio ambiente no Brasil e no sistema interamericano de Direitos Humanos. *Revista Eletrônica Direito e Política*, Itajaí, v. 8, n. 3, p. 2278-2302, set./dez. 2013.

ARAÚJO, Hélio Mário. Encostas no ambiente urbano de Aracaju. In: ARAÚJO, Hélio Mário (Org.). *O ambiente urbano*: visões geográficas de Aracaju. São Cristóvão: Departamento de Geografia da UFS, 2006. p. 15-42.

ARENDT, Hannah. *A condição humana*. 11. ed. Rio de Janeiro: Forense Universitária, 2011.

ÁVILA, Humberto. *Teoria dos princípios*: da definição à aplicação dos princípios jurídicos. 8. ed. São Paulo: Malheiros, 2008.

AZAMBUJA, Darcy. *Teoria geral do Estado*. 44. ed. São Paulo: Globo, 2005.

BARCELLOS, Ana Paula de. *A eficácia jurídica dos princípios constitucionais*: o princípio da dignidade na pessoa humana. 2. ed. Rio de Janeiro: Renovar, 2008.

_____. Neoconstitucionalismo, direitos fundamentais e controle das políticas públicas. In: CAMARGO, Marcelo Novelino (Org.). *Leituras complementares de constitucional*: direitos fundamentais. 2. ed. Salvador: Jus Podivm, 2007.

BARROSO, Luís Roberto. *A dignidade da pessoa humana no direito constitucional contemporâneo*: a construção de um conceito jurídico à luz da jurisprudência mundial. Belo Horizonte: Fórum, 2013.

_____. *Curso de direito constitucional contemporâneo*: os conceitos fundamentais e a construção do novo modelo. 4. ed. São Paulo: Saraiva, 2013.

_____. *Interpretação e aplicação da Constituição*: fundamentos de uma dogmática constitucional transformadora. 6. ed. São Paulo: Saraiva, 2008.

_____. Neoconstitucionalismo e Constitucionalização do Direito (O Triunfo Tardio do Direito Constitucional no Brasil). *Revista Eletrônica sobre a Reforma do Estado (RERE)*, Salvador, Instituto Brasileiro de Direito Público, n. 9, Disponível em: <http://www.direitodoestado.com.br/redae.asp>. Acesso em: 13. dez. 2014.

_____. *O direito constitucional e a efetividade de suas normas*. 8. ed. Rio de Janeiro: Renovar, 2006.

BAUMAN, Zygmunt. *Vida para o consumo*: a transformação das pessoas em mercadoria. Rio de Janeiro: Zahar, 2008.

BECK, Ulrich. *Ecological Politics in an Age of Risk*. Londres: Polity Publications, 1995.

_____. *Sociedade de risco*: rumo a uma outra modernidade. São Paulo: 34, 2010.

BECKERT, Cristina. Dilemas da ética ambiental: estudo de um caso. *Revista Portuguesa de Filosofia*, Lisboa, n. 59, p. 675-687, 2003.

BENJAMIN, Antônio Herman. Constitucionalização do ambiente e ecologização da Constituição brasileira. In: CANOTILHO, José Joaquim Gomes; LEITE, José Rubens Morato (Org.). *Direito constitucional ambiental brasileiro*. 5. ed. São Paulo: Saraiva, 2012.

BERNARDES, Márcia Nina. Sistema interamericano de direitos humanos como esfera pública transnacional: aspectos jurídicos e políticos da implementação de decisões internacionais. *SUR* – Revista *Internacional de Direitos Humanos*, São Paulo, v. 8, n. 15, p. 135-156, dez. 2011.

BERTOLDI, Márcia Rodrigues; SPOSATO, Karyna Batista. Instrumentos de proteção dos conhecimentos tradicionais associados à biodiversidade. *Revista de Direitos Fundamentais e Democracia*, Curitiba, v. 12, n. 12, p. 75-93, jul./dez. 2012.

BOBBIO, Norberto. *A Era dos direitos*. Rio de Janeiro: Elsevier, 2004.

BODNAR, Zenildo. O Poder Judiciário e a tutela do meio ambiente. *Revista de Doutrina da 4ª Região*, Porto Alegre, n. 15, nov. 2006. Disponível em: <http://www.revistadoutrina.trf4.jus.br/index.htm?http://www.revistadoutrina.trf4.jus.br/artigos/edicao015/Zenildo_Bodnar.htm>. Acesso em: 03 fev. 2014.

BONAVIDES, Paulo. *Curso de direito constitucional*. 22. ed. São Paulo: Malheiros, 2008.

BOSSELMANN, Klaus. Direitos humanos, meio ambiente e sustentabilidade. In: SARLET, Ingo Wolfgang (Org.). *Estado socioambiental e direitos fundamentais*. Porto Alegre: Livraria do Advogado, 2010.

BOUDRILLARD, Jean. *A sociedade de consumo*. 3. ed. Lisboa: Edições 70, 2011.

BRAUD, Philippe. *La notion de liberté publique en droit public français*. Paris: Librairie générale de droit et de jurisprudence, 1968, p. 8 *apud* CANOTILHO, José Joaquim Gomes. *Direito constitucional e teoria da constituição*. 7. ed. Coimbra: Almedina, 2011.

CÂMARA, Alexandre Freitas. *Lições de direito processual civil*. 19. ed. Rio de Janeiro: Lumen Juris, 2011. v. 2.

CAMARGO, Marcelo Novelino. *Direito constitucional*. 4. ed. Rio de Janeiro: Forense; São Paulo: Método, 2010.

REFERÊNCIAS | 175

_____. O Conteúdo Jurídico da Dignidade da Pessoa Humana. In: CAMARGO, Marcelo Novelino (Org.). *Leituras complementares de constitucional*: direitos fundamentais. 2. ed. Salvador: Jus Podivm, 2007.

CANÇADO TRINDADE, Antônio Augusto. Direitos humanos e meio ambiente: paralelo dos sistemas de proteção internacional. Porto Alegre: Sérgio Antônio Fabris, 1993.

_____. *Tratado de direito internacional de direitos humanos*. Porto Alegre: Sérgio Antônio Fabris Editor, 1997. v. 1.

_____ *Tratado de direito internacional de direitos humanos*. Porto Alegre: Sérgio Antônio Fabris Editor, 1999. v. 2.

_____ *Tratado de direito internacional de direitos humanos*. Porto Alegre: Sérgio Antônio Fabris Editor, 2003. v. 3.

CANOTILHO, José Joaquim Gomes. *Direito constitucional e teoria da Constituição*. 7. ed. Coimbra: Almedina, 2011.

_____. *Estudos sobre direitos fundamentais*. São Paulo: Revista dos Tribunais; Portugal: Coimbra Editora, 2008.

CAPRA, Fritjof. *A teia da vida*: uma nova compreensão científica dos sistemas vivos. São Paulo: Cultrix, 2006.

_____. *As conexões ocultas*: ciência para uma vida sustentável. São Paulo: Cultrix, 2005.

CARDOSO, Evorah Lusci Costa. *Litígio estratégico e sistema interamericano de direitos humanos*. Belo Horizonte: Fórum, 2012.

CHALFUN, Mery. Paradigmas filosóficos ambientais e os direitos dos animais. *Revista Brasileira de Direito Animal*, Salvador, ano 5, v. 6, p. 209-246, jan./jun. 2010.

COMPARATO, Fábio Konder. *A afirmação histórica dos direitos humanos*. 7. ed. São Paulo: Saraiva, 2011.

CONSELHO DA EUROPA. Corte Europeia de Direitos Humanos. *Budazeva and Others vs. Russia*. Sentença de 22 de março de 2008.

_____. Corte Europeia de Direitos Humanos. *Caso Oneryıldız vs. Turkey*. Sentença de 30 de novembro de 2004.

_____. Corte Europeia de Direitos Humanos. *Caso Rayner vs. Reino Unido*. 1990.

_____. Corte Europeia de Direitos Humanos. *Caso Taşkın e Outros vs. Turquia*. Sentença de 29 de janeiro de 2004.

_____. *Manual on Human Rights and the Environment*. 2. ed. Strasbourg: Council of Europe Publishing, 2012.

CUNHA JÚNIOR, Dirley da. A Efetividade dos Direitos Fundamentais Sociais e a Reserva do Possível. In: CAMARGO, Marcelo Novelino (Org.). *Leituras complementares de constitucional*. 2. ed. Salvador: Jus Podivm, 2007.

DALLARI, Dalmo de Abreu. *Elementos de teoria geral do Estado*. 26. ed. São Paulo: Saraiva, 2007.

DALTRO FILHO, José. *Saneamento ambiental*: doença, saúde e o saneamento da água. São Cristóvão: Ed. UFS; Aracaju: Fundação Oviêdo Teixeira, 2004.

DALY, Herman E. Economics in a Full World. *Scientific American*, EUA, v. 293, n. 3, p. 100-107, set. 2005.

DI PIETRO, Maria Sylvia Zanella. *Discricionariedade administrativa na Constituição de 1988*. 2. ed. São Paulo: Atlas, 2001.

DIDIER JÚNIOR, Fredie *et al. Curso de direito processual civil*. 3. ed. Salvador: Jus Podivm, 2010. v. 5.

FAJARDO, Elias. *Consumo consciente, comércio justo*: conhecimento e cidadania como fatores econômicos. Rio de Janeiro: Senac Nacional, 2010.

FENSTERSEIFER, Tiago. *Direitos fundamentais e proteção do ambiente*: a dimensão ecológica da dignidade humana no marco jurídico-constitucional do Estado Socioambiental de Direito. Porto Alegre: Livraria do Advogado, 2008.

FIORILLO, Celso Antônio Pacheco. *Princípios do direito processual ambiental*. 2. ed. São Paulo: Saraiva, 2007.

FONSECA, Fúlvio Eduardo. A Convergência entre a proteção ambiental e a proteção da pessoa humana no âmbito do direito internacional. *Revista Brasileira de Política Internacional*, Brasília, v. 50, n. 1, jan./jun. 2007. Disponível em: <http://www.scielo.br/scielo.php?script=sci_arttext&pid=S0034-73292007000100007&lng=en&nrm=iso>. Acesso em: 12 set. 2013.

FOSTER, John Bellamy. *A ecologia em Marx*: materialismo e natureza. Rio de Janeiro: Civilização Brasileira, 2005.

FREIRE JÚNIOR, Américo Bedê. *O controle judicial de políticas públicas*. São Paulo: Revista dos Tribunais, 2005.

FREITAS, Juarez. *Sustentabilidade*: direito ao futuro. 2. ed. Belo Horizonte: Fórum, 2012.

FREITAS, Vladimir Passos de. *A Constituição Federal e a efetividade das normas ambientais*. 2. ed. São Paulo: Revista dos Tribunais, 2001.

GARBADO, Emerson. *Interesse público e subsidiariedade*: o Estado e a sociedade civil para além do bem e do mal. Belo Horizonte: Fórum, 2009.

GIDDENS, Anthony. *As consequências da modernidade*. Tradução de Raul Fiker. São Paulo: UNESP, 1991.

GONZÁLEZ-SALZBERG, Damián A. A implementação das sentenças da Corte Interamericana de Direitos Humanos na Argentina: uma análise do vaivém jurisprudencial da Corte Suprema da Nação. *SUR – Revista Internacional de Direitos Humanos*, São Paulo, v. 8, n. 15, p. 115-133, dez. 2011.

GRAU, Eros Roberto. *A ordem econômica na Constituição de 1988*. 15. ed. São Paulo: Malheiros, 2012.

GUERRA, Bernardo Pereira de Lucena Rodrigues. *Direito internacional dos direitos humanos*: nova mentalidade emergente pós-1945. Curitiba: Juruá, 2007.

GUERRA, Sidney. *Direito humanos*: curso elementar. São Paulo: Saraiva, 2013.

HARDING, Stephan. *Terra viva*: ciência, intuição e a evolução de Gaia: para uma nova compreensão da vida em nosso planeta. São Paulo: Cultrix, 2008.

HESSE, Konrad. A força normativa da Constituição. Tradução de Gilmar Ferreira Mendes. Porto Alegre: Sérgio Antônio Fabris Editor, 1991.

HOLMES, Stephen; SUNSTEIN, Cass R. *The Cost of Rights*: why Liberty Depends on Taxes. New York: W. W. Norton & Company, 1999.

REFERÊNCIAS | 177

_____. O desenvolvimento sustentável no plano internacional. In: FILHO, Calixto Salomão (Org.). *Regulação e desenvolvimento*: novos temas. São Paulo: Malheiros, 2012.

KANT, Immanuel. *Fundamentação da metafísica dos costumes*. Tradução de Guido Antônio de Almeida. São Paulo: Discurso Editorial: Barcarolla, 2009.

KERSTING, Wolfgang. *Universalismo e direitos humanos*. Porto Alegre: EDIPUCRS, 2003.

KSENTINI, Fatma Zohra. *Review of Further Developments in Fields with which the Sub-commission has been Concerned*: human rights and the environment, E/CN.4/Sub.2/1994/9, 6.7.1994.

LEFF, Enrique. *Saber ambiental*: sustentabilidade, racionalidade, complexidade, poder. Tradução de Lúcia Mathilde Endlic Orth. 9. ed. Petrópolis: Vozes, 2012.

LEITE, José Rubens Morato; BELCHIOR, Germana Parente Neiva. Dano ambiental na sociedade de risco: uma visão introdutória. In: LEITE, José Rubens Morato (Org.). *Dano ambiental na sociedade de risco*. São Paulo: Saraiva, 2012.

_____. Estado de Direito Ambiental: uma análise da recente jurisprudência do STJ sob o enfoque da hermenêutica jurídica. *Revista de Direito Ambiental*, São Paulo, a. 14, v. 56, p. 55-92, out./nov. 2009.

LEITE, José Rubens Morato. Sociedade de risco e Estado. In: CANOTILHO, José Joaquim Gomes; LEITE, José Rubens Morato (Org.). *Direito constitucional ambiental brasileiro*. 5. ed. São Paulo: Saraiva, 2012.

LÉVÊQUE, Christian. *A biodiversidade*. São Paulo: EDUSC, 1999.

LIMA JÚNIOR, Jayme Benvenuto. *Os direitos humanos econômicos, sociais e culturais*. Rio de Janeiro: Renovar, 2001.

LUÑO, Antonio Enrique Pérez. *Los derechos fundamentales*. 9. ed. Madrid: Editorial Tecnos, 2007.

MACHADO, Paulo Affonso Leme. *Direito ambiental brasileiro*. 21. ed. São Paulo: Malheiros, 2013.

MARCHESAN, Ana Maria Moreira; STEIGLEDER, Annelise Monteiro; CAPPELLI, Sílvia. *Direito ambiental*. 7. ed. Porto Alegre: Verbo Jurídico, 2013.

MARÉS DE FILHO, Carlos Frederico. *A universalidade parcial dos direitos humanos*. In: Taller ILSA Región Andina Los derechos indígenas en ela actual contexto Latinoamerican. Quito, 27-29 out. 1994.

_____ *Bens culturais e sua proteção jurídica*. 3. ed. Curitiba: Juruá, 2011.

MARINONI, Luiz Guilherme. *Teoria geral do processo*. 6. ed. São Paulo: Revista dos Tribunais, 2012.

MARMELSTEIN, George. *Curso de direitos fundamentais*. 3. ed. São Paulo: Atlas, 2011.

MARTÍNEZ, Gregório Peces-Barba. *Curso de derechos fundamentales*: teoria general. Madrid: Eudema, 1991. v. I.

MARTÍNEZ, Pilar Domínguez. Protección del derecho a la inviolabilidad del domicilio y las pertubaciones acústicas. *Revista de Direitos e Garantias Fundamentais*, Vitória, n. 13, p. 351-373, jan./jun. 2013.

MAZZILLI, Hugo Nigro. *A defesa dos interesses difusos em juízo*: meio ambiente, consumidor, patrimônio cultural, patrimônio público e outros interesses. 25. ed. São Paulo: Saraiva, 2012.

MAZZUOLI, Valério de Oliveira. *Direito dos tratados*. São Paulo: Revista dos Tribunais, 2011.

_____. *Os sistemas regionais de proteção dos direitos humanos*: uma análise comparativa dos sistemas interamericano, europeu e africano. São Paulo: Revista dos Tribunais, 2011.

MEDEIROS, Fernanda Luiza Fontoura de. *Direitos dos animais*. Porto Alegre: Livraria do Advogado, 2013.

MELLO, Celso Antônio Bandeira de. *Discricionariedade e controle jurisdicional*. 2. ed. São Paulo: Malheiros, 2000.

MENDES, Gilmar Ferreira; BRANCO, Paulo Gustavo Gonet. *Curso de direito constitucional*. 8. ed. São Paulo: Saraiva, 2013.

MILARÉ, Edis. *Direito do ambiente*. 3. ed. São Paulo: Revista dos Tribunais, 2004.

MIRANDA, Jorge. *Teoria do Estado e da Constituição*. 3. ed. Rio de Janeiro: Forense, 2011.

MIRANDA, Marcos Paulo de Souza. *Tutela do patrimônio cultural brasileiro*. Belo Horizonte: Del Rey. 2006.

MOLINARO, Carlos Alberto. *Direito ambiental*: proibição de retrocesso. Porto Alegre: Livraria do Advogado, 2007.

MÖLLER, Max. *Teoria geral do neoconstitucionalismo*: bases teóricas do constitucionalismo contemporâneo. Porto Alegre: Livraria do Advogado, 2011.

MONCADA, Luís S. Cabral de. *Direito económico*. 4. ed. Coimbra: Coimbra, 2003.

MORIN, Edgar. *A via para o futuro da humanidade*. Rio de Janeiro: Bertrand Brasil, 2013.

NIKKEN, Pedro. El derecho internacional de los derechos humanos en el derecho interno. *Revista do Instituto Interamericano de Direitos Humanos*, San José, Costa Rica, v. 57, p. 11-68, jan./jul. 2013.

NINO, Carlos Santiago. *Introdução à análise do direito*. São Paulo: Martins Fontes, 2010.

ORGANIZAÇÃO DOS ESTADOS AMERICANOS. Corte Interamericana de Direitos Humanos, *Caso Aloeboetoe y outros vs.Suriname*, Sentença de 10 de setembro de 1993, Série C, n. 15.

_____. Corte Interamericana de Direitos Humanos. *Caso Chumbipuma Aguirre y Otros vs. Peru*, Sentença de 14 de março de 2001, Série C, n. 75.

_____. Corte Interamericana de Direitos Humanos. *Caso de las Comunidades Afrodescendientes Desplazadas de la Cuenca del Río Cacarica (Operación Génesis) vs. Colombia*. Sentença de 20 de novembro de 2013. Série C, n. 270.

_____. Corte Interamericana de Direitos Humanos. *Caso Comunidade Indígena Sawhoyamaxa vs. Paraguai*. Sentença de 29 de março de 2006. Série C, n. 146.

_____. Corte Interamericana de Direitos Humanos. *Caso Comunidad Mayagna (sumo) Awas Tingni vs. Nicarágua*. Sentença de 31 de agosto de 2001. Série C, n. 79.

_____. Corte Interamericana de Direitos Humanos. *Caso Comunidade Indígena Yakye Axa vs. Paraguai*. Sentença de 17 de junho de 2005. Série C.

_____. Corte Interamericana de Direitos Humanos. *Caso Comunidade Indígena Xákmok Kásek vs. Paraguai*. Sentença de 24 de agosto de 2010. Série C, n. 214.

REFERÊNCIAS | 179

_____. Corte Interamericana de Direitos Humanos, *Caso Gomes Lund y Otros (Guerrilha do Araguaia) vs. Brasil,* Sentença de 24 de novembro de 2010, Série C, n. 219.

_____. Corte Interamericana de Direitos Humanos. *Caso Hermanos Gómez Paquiyauri vs. Peru.* Sentença de 8 de julho de 2004. Série C, n. 110.

_____. Corte Interamericana de Direitos Humanos. *Povo Indígena Kichwa de Sarayaku vs. Equador.* Sentença de 27 de junho de 2012. Série C, n. 245.

_____. Corte Interamericana de Direitos Humanos. *Caso do Povo Saramaka vs. Suriname.* Sentença 28 de novembro de 2007. Série C, n. 172.

_____. Corte Interamericana de Direitos Humanos. *Caso Villagrán Morales y Otros (Niños de la Calle).* Sentença de 19 de novembro de 1999, Série C, n. 63.

PAGLIARINI, Alexandre Coutinho. Teoria geral e crítica do direito constitucional e internacional dos direitos humanos. In: PAGLIARINI, Alexandre Coutinho; DIMOULIS, Dimitri (Coord.). *Direito constitucional e internacional dos direitos humanos.* Belo Horizonte: Fórum, 2012.

PEREIRA, Luís Carlos Bresser. *Desenvolvimento e crise no Brasil.* 7. ed. São Paulo: Brasiliense, 1977.

PIEROTH, Bodo; SCHLINK, Bernhard. *Direitos fundamentais.* Tradução de António Francisco de Sousa e António Franco. São Paulo: Saraiva, 2012.

PIOVESAN, Flávia. *Direitos humanos e justiça internacional:* um estudo comparativo dos sistemas regionais europeu, interamericano e africano. 2. ed. São Paulo: Saraiva, 2011.

_____. *Direitos humanos e o direito constitucional internacional.* 14. ed. São Paulo: Saraiva, 2013.

_____. *Temas de direitos humanos.* 5. ed. São Paulo: Saraiva, 2012.

PORTILHO, Fátima. *Sustentabilidade ambiental, consumo e cidadania.* 2.ed. São Paulo: Cortez, 2010.

RAMOS, André de Carvalho. *A teoria geral dos direitos humanos na ordem internacional.* 2. ed. São Paulo: Saraiva, 2012.

_____. *Pluralidade das ordens jurídicas:* a relação do direito brasileiro com o direito internacional. Curitiba: Juruá, 2012.

_____. *Processo internacional de direitos humanos.* 2. ed. São Paulo: Saraiva, 2012.

RISTER, Carla Abrantkski. Direito ao desenvolvimento: antecedentes, significados e consequências. São Paulo: Renovar, 2007.

RODRIGUES JÚNIOR, Edson Beas. *Tutela jurídica dos recursos da biodiversidade, dos conhecimentos tradicionais e do folclore:* uma abordagem de desenvolvimento sustentável. Rio de Janeiro: Elsevier, 2010.

SACHS, Ignacy. Primeiras Intervenções. In: NASCIMENTO, Elimar Pinheiro do; VIANA, João Nildo. *Dilemas e desafios do desenvolvimento sustentável no Brasil.* Rio de Janeiro: Garamond, 2007.

SAMPAIO, Rômulo Silveira da Rocha. *Direito ambiental:* doutrina e casos práticos. Rio de Janeiro: Elsevier; FGV, 2012.

SANTOS, Boaventura de Sousa. Por uma concepção multicultural de direitos humanos. *Revista Contexto Internacional,* Rio de Janeiro, v. 23, n. 1, p. 7-34, jan./jul. 2001.

SARLET, Ingo Wolfgang. *Dignidade da pessoa humana e direitos fundamentais na Constituição Federal de 1988*. 9. ed. Porto Alegre: Livraria do Advogado, 2012.

_____. *A eficácia dos direitos fundamentais*. 8. ed. Porto Alegre: Livraria do Advogado, 2007.

_____. Estado socioambiental e mínimo existencial (ecológico?): algumas aproximações. In: SARLET, Ingo Wolfgang (Org.). *Estado socioambiental e direitos fundamentais*. Porto Alegre: Livraria dos Advogados, 2010.

SARLET, Ingo Wolfgang; FENSTERSEIFER, Tiago. *Direito constitucional ambiental*: Constituição, direitos fundamentais e proteção do ambiente. 2. ed. São Paulo: Revista dos Tribunais, 2012.

SCHMIDT, Rafael Vitória. Os direitos humanos e o direito internacional do meio ambiente. *Revista Unoesc & Ciência – ACSA*, Joaçaba, v. 1, n. 1, p. 71-78, 2010.

SGARBOSSA, Luís Fernando. *Crítica à teoria dos custos dos direitos*: reserva do possível. Porto Alegre: Sérgio Antônio Fabris Editor, 2010.

SHAW, Malcom N. *Direito internacional*. Tradução de Marcelo Brandão Cipolla, Lenita Ananias do Nascimento e Antônio de Oliveira Sette-Câmara. São Paulo: Martins Fontes, 2010.

SHIRAISHI NETO, Joaquim. Reflexão do direito das "comunidades tradicionais" a partir das declarações e convenções internacionais. *Hiléia – Revista de direito ambiental da Amazônia*. Manaus, n. 3, p. 177-195jul./dez. 2004.

SILVA, José Afonso da. *Direito ambiental constitucional*. 9. ed. São Paulo: Malheiros, 2011.

SIRVINSKAS, Luís Paulo. *Manual de direito ambiental*. 2. ed. São Paulo: Saraiva, 2003.

TEIXEIRA, Gustavo de Faria Moreira. *O greening no sistema interamericano de direitos humanos*. Curitiba: Juruá, 2011.

TESSLER, Luciane Gonçalves. *Tutelas jurisdicionais do meio ambiente*: tutela inibitória, tutela de remoção, tutela do ressarcimento da forma específica. São Paulo: Editora Revista dos Tribunais, 2004.

THEODORO JÚNIOR, Humberto. *Curso de direito processual civil*. 23. ed. São Paulo: Forense, 1998. v. 1.

TORRES, Ricardo Lobo. *O direito ao mínimo existencial*. Rio de Janeiro: Renovar, 2009.

VARELLA, Marcelo D. *Direito internacional público*. 4. ed. São Paulo: Saraiva, 2012.

VEIGA, José Ely da. *A emergência socioambiental*. São Paulo: Editora Senac São Paulo, 2007.

Esta obra foi composta em fonte Palatino Linotype, corpo 10
e impressa em papel Offset 75g (miolo) e Supremo 250g (capa) pela
Gráfica e Editora O Lutador, em Belo Horizonte/MG.